OTTO FLAKE

«Wiederum vergleicht Frankreich!»

Essays und Skizzen

—

Herausgegeben
von Christian Luckscheiter
und Hansgeorg Schmidt-Bergmann
im Auftrag der Literarischen Gesellschaft
Karlsruhe

=

Jahresgabe
der Literarischen Gesellschaft/Scheffelbund
2020

MITTELDEUTSCHER VERLAG

Inhalt

Semmelblond
d. i. über das bürgerliche Kulturideal

Typisch: In Berlin haben sie dieser Tage Heine eine Gedenktafel angebracht, darauf seine Verse:

> Deutschland hat langen Bestand,
> Es ist ein kerngesundes Land.

Die Polizei hat sich nicht ins Mittel gelegt. Ach nein! Freilich, besser konnten sie Heine nicht charakterisieren, nur – sich selber auch nicht. *Typisch* das (den esprit, erst recht jene höhnischen Verse im gegenteiligen Sinn zu nehmen, wird keiner einem deutschen Komitee zutrauen). – Frankreich produziere zwei Dinge, du grand et du fin, die respektable Mittelmäßigkeit werde da nie gedeihen, äußerte einmal Ernest Renan, ein ausgezeichneter Kenner deutscher Verhältnisse. Aber bei uns, aber bei uns!

Klagen über Skatdrescherei, Bierbankpolitik etc. sind billig und abgeleiert. Ich möchte doch noch ein bisschen mehr: Respektable Mittelmäßigkeit – das bürgerliche Kulturideal und die bürgerliche Weltanschauung mit all ihrer Misere.

Mittelmäßig, respektabel und damit verwachsen plebejisch: das die liberale Dreieinigkeit. Das Gute und Große, das der Liberalismus[1] einst geschaffen hat, geht uns als historisch gewordenen nichts an.

Immer klafft noch bei uns der ungeheure Zwiespalt zwischen den produktiv arbeitenden Kulturträgern und den

---

1 [...] im weitesten Sinn als Gesamtkulturerscheinung, hauptsächlich auch geistig.

weiten Kreisen der Gebildeten. Allerdings daraus, daß die Führenden die Wenigen sind, ergiebt sich auch das ewige Gesetz, daß jene Anderen im Abstand nachkommen. Doch bei uns Deutschen liegt die Sache noch komplizierter. Flaubert, Goncourt, Zola erfuhren lange genug Ablehnung und Widerstand, doch die Nation assimilierte sich ihnen in nicht zu langer Zeit an. Feinfühliger, weniger schwerfällig, historischer fühlt man dort das Gesetz des ewigen Flusses ganz anders als bei uns. Hier tritt der Liberalismus mit dem ungeheuerlichen Anspruch auf, die unbedingte geistige Norm für alle Zeiten zu sein. Die Moderne preßte den Entwicklungsfluß in fortschreitende Bahnen; bei den großen Massen ging sie geradezu ohne Wirkung vorüber, oder es ist doch Gefahr dazu vorhanden. Der Sturm ist über uns hinweggebraust, wir sind die Alten geblieben, und Sieger; heißt es. – Hier den Ring nun zu schließen ist Aufgabe der nächsten Zukunft: wir sind in geistigen Dingen keine einheitliche Nation. Versöhnung ist zu erstreben, und nachzugeben hat der Liberalismus, nicht die Jungen, die «Dränger und Unaufgeklärten»; denn auf seiner Seite ist die Interesselosigkeit, Stümperei und – das Geschwätz.

Denn: hie Mittelmaß, dort elementare Großzügigkeit. Unleugbar, keine Phrase: Den Jungen brennt «das Große», als solches, im Blut. *Genie* ist aber *Universalismus*, das anscheinend schrankenlose Hinabtauchen in die letzten Tiefen des Menschlichen, das Emporschnellen zur letzten Höhe, das glühende Erfassen aller Seiten – ist also in diesem Sinne Konsequenz. Liberal sein heißt aber Jegliches nicht nach allen Seiten durch, sondern eben nur nach allen Seiten ein bisschen verfolgen und dann vor dem Letzten erschrokken stehn bleiben, weil es in den Abgrund führen könnte: Kompromisse. Das Gute, Schöne soll zum Brutalen, Disharmonischen, Perversen umschlagen. Liberal sein heißt in selbstgewählten Grenzen sich bescheiden, Genialität aber ist Universalismus.

Irgendwie ein Beispiel: etwa das soziale. Ein Liberaler hat *zwar* das Herz offen für das erbarmungslose soziale Elend, *aber* er ist andrerseits auch Besitzender, Staatsbürger und Beamter. Zwar – aber: das Schlagwort des Liberalismus; die goldne Mittelstraße seine Philosophie – Plebejer. – Ach, wir wollten schon, aber das Leben, das Leben! Man kann nicht immer ideal sein. – Ihr laßt Euch vom Leben bezwingen, statt daß Ihr das Leben bezwingt. Freilich, Konsequenz führt zu Pessimismus oder zum bewußten Idealismus (Schiller), der einfach umgeschlagener Pessimismus ist.

Die aufdämmernde Zeit ist eine Renaissance, völlig im Sinn jener um die Wende des Mittelalters: diesmal für die deutsche Nation,[2] die auf dem Wege ist, ihre große universale Kultur zu schaffen. Bleiben wir wieder beim Sozialen: Da wird ein, mehrere Poeten, Philosophen kommen, die mit unerhörter Kraft und Wucht die Tiefen der Seele aufwühlen, der stumpfen, fetten Bourgeoisie die gigantische Tragik des Elends, der herzbrechenden Armut ins Gesicht schleudern. Denn das Soziale ist als das rein Menschliche poetisch durch und durch. Keine Tendenzkonstruktionen freilich mehr. – Halt, hier fassen wir Euch, frohlockt Einen aus dem anderen Lager. Haben wir nicht tüchtige Dichter,

---

2 Bitte mich nicht daraufhin als Germanisator auf der Grenzwache gegen den Erbfeind aufzufassen. Hierzulande liest man alles heraus.

die unser Mitleid mit den Armen zu wecken wissen? – Gewiß, sehr schön und rührend, nur fehlt das Tragische, das tiefe, schreiende Elend, der gigantische, trotzige Tod, einer, der Felsblöcke auftürmt und Euch aufrüttelt, daß Eure Ohren sich öffnen und den gellenden Schrei der Getretenen durch das Weltall hören. – Mir sind die Ibsenschen Ausgänge mit dem furchtbaren Fragezeichen *Ignorabimus* größer als Eure rührende Kleinkunst. – Aber die ist harmonisch. – Aha, harmonisch! Ein liebes Wort das, zumal im Munde deutscher Schulmeister. Wahre Harmonie ist Nichteinseitigkeit, ist also wieder Universalismus, Allumfassen. Die bürgerliche Harmonie ist Im-potenz: sie *können* nicht die andere Seite sehn, drum Beschränkung. Die schützt vor Aufregung. Das Leben ist schrecklich, in seinen Höhen und Tiefen. Sie ganz zu durchschreiten macht wahnsinnig oder es gehört eine geniale Kraft dazu, die der Durchschnitt nicht kennt.

Und Schiller ist nicht Euer Herold. Ihr habt ihn schlecht verstanden und ihn zu eurem Zweck umgemodelt, und so hat er freilich unerhörten Schaden angerichtet. Als Seifensieder behandelt ihr ihn – unter Seifensiedern, der Pöbel des Idealismus den Aristokraten. Freilich, Lienhard findet das Wort von den ganz Großen «infam». Ich nicht. Denn die nächste Zukunft wird das «ganz Große» bringen: *das Heroische*. Das Universale und das Heroische: das die Signatur der neuen Zeit, und wir sollen an das bürgerliche Kulturideal glauben! Heroische Menschen wird die neue Kunst darstellen, *wie in der Renaissance*, genau das, was man so nachsichtig lächelnd das Übermenschliche nennt. Bis zur Vernichtung das vollmenschliche Erfassen aller menschlichen Gefühle: die große Liebe, ganz der Haß, Rache, Sinnlichkeit,

Güte und als Schluß der gigantische Tod, die Wiedervereinigung mit dem Weltall: denn aus der Sehnsucht danach *sind* die Poeten, die Vollmenschen.

Den Durchschnittsmenschen will man dargestellt sehn, die spießbürgerliche Enge, Romane, die bei der Heirat enden. Nur nicht aufrütteln. Den ganzen Menschen, auch in seiner dämonischen Kraft, in seinen dunkelsten Abgründen, das weist man zurück. Im günstigsten Fall ist den Gebildetsten G. Keller oder der Entwicklungsroman, gewöhnlich eines Pfarrersohnes aus einem Dörfchen, der Gipfel. Aber bei wie vielen ist das der Fall. Und schließlich, so genial Keller ist, es ist ihm doch viel versagt. Ich denke an die Fortführung einer Strömung, die von Kleist über Hebbel führt.

Aber freilich, die sind pervers, und unsere deutschen Frauen müßten erröten. *Respektabel* sei die Poesie; denn respektabel ist die Bourgeoisie. Kein liberaler Redner läßt sich die Gelegenheit entgehen, deutschen Frauen einen Kranz zu flechten und die Nation wegen dieses Schatzes selig zu preisen. Warum? In den unteren Kreisen ist die deutsche Frau eine keifende Schlampe; in den mittleren Beamtenkreisen etwa, ungebildet, durchaus unfein und plebejisch, im Alter fett; in den oberen Kreisen zwar oft sehr anmutig und gesellschaftsgewand, aber oberflächlich, die Töchter blöde Backfische. Zwar in der Frau liegt ein Kern, der geweckt werden könnte, doch bei unserer Erziehung und Gesellschaftsleben verkümmert er unbedingt. Die Französin hat mindestens denselben Vorzug, und vor unseren Frauen hat sie das sichere, durchgebildete graziöse Auftreten und das ästhetische Empfinden voraus. Und die Männer Philister. Ihr Amt verdummt sie, oder die Wis-

senschaft vertrocknet sie. Einheit der Kultur ist hier geradezu Wahnsinn. Ich kannte einen Schulmeister, der in der
Obersecunda «Egmont» statt «Götz» las, weil letzterer Rit-
tersmann einmal andeutet, man könne ihn …, und der sich
Sorgen machte, als seine ideale Vercölibatisierung Goethes
durch den trockenen Einwurf unterbrochen wurde, Goethe sei gar oft verliebt gewesen, und fest, habe in Leipzig
einen Blutsturz bekommen, und noch anderes. Moral, Moral, daß man ja sanft durch das Leben geht und alle Klippen
vermeidet. Nein, im Gegenteil, wer nicht bis zur Verzweif-
lung durchrüttelt worden ist, daß seine angelernte Moral
wie Spreu verstob, der kennt das Leben nicht. Zwar eine
unbequeme Störung das, für die träge Sicherheit der Bourgeoisie, aber das ist Konsequenz und Allumfassen. Und das
Geschlechtliche! Vertuscht und sich gestellt, als pflanzten
sich die Menschen durch Eierbrüten fort:

> Die Sonne, die Wonne, die Lilie, die Taube
> Vielleicht noch die Geisblattlaube
> Doch andeutungsweise nur, nicht was drin geschieht,
> Das griffe schon über in verboten Gebiet.
> (Liliencron)

Hausmannskost, Backfischlyrik, Niveau fast dasselbe wie
zu Nicolais Zeiten. Wie wird man wehe schreien, wenn über
ihre Moral der Renaissance Sturm braust, ein Hexensab-
bath, der alles fortfegt, ihre Engherzigkeit und Plumpheit.
Nietzsche ist der einleitende Geist der Renaissance. – Die
Bourgeoisie nimmt das Leben zu leicht; sie ist durch zuviel
Rücksichtnahme nach allen Seiten gebunden: Pfaffen, Vor-

gesetzte, Eheweiber, Pensionate und Betschwestern. Keine großzügigen Empfindungen, alles verschnitten. Leben wir doch im christlich germanischen Staat. Nur nicht anstoßen, wenn's nur heißen kann «gerettet ist so Vaterland wie Dichtung».

Das alles ist durch und durch plebejisch. Der deutsche Gebildete ist viel zu schwerfällig, zu unbegabt, um sich um die geistigen Güter aus persönlichem Interesse zu kümmern: angelernt und guter Ton; Amt und Wissenschaft. Wiederum vergleicht Frankreich! Wir dürsten nach dem Tragischen, und die liberale Presse mit ihrer Schandkritik verdummt den geringen Geschmack noch mehr; was etwas taugt, ist ungeklärt, was Schund und Mittelmaß, ist gottbegnadet. Liliencron wiederum sagt:

Ich weiß, der Deutsche ist kein Don Juan
Ich weiß, der Deutsche ist ein Sauffian

Stimmt. Unentwegt, mit Zähigkeit produziert man in Winkelvereinen, in jedem Nest, Verse und Reime und nennt das Dichtung. Plebejer. *Respektabel, mittelmäßig und lakaienhaft*: das deutsche Ideal der Gegenwart, dessen Symbol der semmelblonde Backfisch ist, schmachtend, Sommersprossen im Gesicht und auf der Hirnhaut, Zuckerwasser ganz und Rührung; dabei gut durch und durch; zwar kein Talent, doch ein Charakter, ganz wie die lieben deutschen Mittelstandspoeten: semmelblond, solid.

Die elsässische Frage als Kulturproblem

Man spricht von einer elsässischen Frage. Während französische Schriftsteller darunter das poetische Problem verstehen, wie es anzufangen sei, das Elsaß wieder in französischen Besitz zu bringen, kann dieses Schlagwort für deutsche Beurteiler nur dann überhaupt einen Sinn haben, wenn es statt der politischen eine kulturelle Frage stellt. Und, so verstanden, *gibt* es eine elsässische Frage. Aber wenn es auch die Sache jedes reiferen Geschmacks ist, die Ziele des eignen Vaterlands zu den seinen zu machen, so will das doch noch nicht heißen, daß man dem jüngsten Gliede des Reichs das Recht abspricht, anders gewesen und anders geworden zu sein.

Die landläufige Überlegung zahlloser Altdeutscher ist diese: Von den Karolingern bis zum Osnabrücker Frieden resp. 1661 waren das Elsaß und Straßburg deutsch, 1871 wurden sie wieder deutsch – die Zwischenzeit ist ausgelöscht, zweihundert Jahre kommen gegen achthundert nicht in Betracht ... Aber warum sollen sie das nicht? Könnte man nicht denken, daß gerade sie den Charakter des Landes so werden ließen, wie er heute ist? Man soll ja nicht zählen, sondern wägen. In der Tat werden wir besonderen Nachdruck auf jenen modernen Zeitabschnitt legen, der von Ludwig XIV. bis Napoleon III. reicht und alle Resultate des ihm vorangehenden aufgehoben hat. Aber verweilen wir zunächst noch bei diesem.

Wenn für uns, die wir mit Namen wie Walter von der Vogelweide, Wolfram, Hartmann einen so großen Aufwand treiben, trotz Parzival und Tannhäuser das Mittelalter nicht doch im Grunde eine fremde Welt wäre, in der wir kein Heimatgefühl mehr haben, so könnten wir über die Tatsache, daß Frankreich damals die erste Kulturblüte Europas schuf und repräsentierte, nicht so erstaunen, wie wir es tun, wenn uns wissenschaftliche Studien die Zustände jener Zeit und diese erste französische Vorherrschaft wieder entdecken lassen. Das Rittertum, das höfische Wesen, die Minnesänger und ihre Stoffe, die Kreuzzüge, die Ritterorden, die ersten großen Mönchsorden, die Scholastik, das alles ist französischen Ursprungs. Französisch aber ist vor allem die Kunst des Mittelalters, die Gotik. Es ist lange her, daß der junge Goethe beim Anblick des Straßburger Münsters die Gotik als eine Erfindung des deutschen Geistes pries, und es wurde seitdem unzählige Male betont, daß diese Entdekkung ein Irrtum war. Aber beispielsweise feiert Dr. Benno Rüttenauer in der Einleitung zu einer kürzlich erschienenen Ausgabe des Dürerschen Marienlebens wiederum die Gotik als die Tat des germanischen Genies. Die ganze zweifelhafte Ariertheorie bringt nicht nur Ungerechtigkeit mit sich, sie beruht auch auf einer solchen Fülle von Unwissenheit, daß man sie gerade einem Anhänger deutscher Bildung nicht verzeihen darf. Mit weit mehr Recht könnte der vorangehende «romanische» Stil in Deutschland Anspruch auf nationalen Charakter erheben. Frankreich ist der Mutterschoß gotischer Herrlichkeiten. Welche Rolle für den Kölner Dom Amiens spielt, wie rein französisch die Stimmung seiner Innenarchitektur ist, kann man in jeder Kunstgeschichte nachlesen, und für das Straßburger Münster haben Einzeluntersuchungen auf Chartres, Dijon, Paris zurückgeführt.

Es wäre demnach falsch, bei einer Darstellung des französischen Einflusses auf das Elsaß nicht darauf hinzuweisen, daß seine erste mittelalterliche Epoche keine ausschließlich elsässische Angelegenheit war. Vielmehr erfuhr das Elsaß nur, was das übrige Europa mit wenigen Ausnahmen auch erlitt. Immerhin bestand ein Unterschied: die Länder am Rhein erlagen als nächste Nachbarn der neuen Kultur am frühesten und am stärksten, das Rittertum und der Rittersang eroberten vom Niederrhein aus das innere Deutschland, der Elsässer Reimar verpflanzte die ritterliche Dichtung an den Wiener Hof, und wie der Kölner Dom die französischste unter den deutschen Kirchen ist, so bleibt Gottfried von Straßburg der französischste der deutschen Dichter.

Aber dieser französische Einfluß wurde nicht darum auch für das Mittelalter festgestellt, um daraus verstärkte französische Rechte auf das Elsaß abzuleiten. Das wäre ganz ungerechtfertigt, denn als zwei- bis dreihundert Jahre nach dem Einbringen der Gotik die europäischen Völker die Grundlagen ihrer Nationalität herausgebildet hatten, erweist sich auch das Elsaß als rein deutsches Land. Straßburgs, der wichtigen Reichsstadt, Banner folgte unmittelbar hinter dem des Reiches, seine Hütte führte die Aufsicht über die vier deutschen Baubezirke, und die elsässische Kunst erfuhr nun ihre Einflüsse nicht mehr vom Westen, sondern von Schwaben und Franken: Martin Schongauers Familie stammte wie die des späteren Alemannen Holbein aus Augsburg, und Grunewald, in dessen Isenheimer Altar das Elsaß eines der großen Erzeugnisse deutscher Kunst bewahrt, war aus Aschaffenburg. Der Verkehr zwischen

Hans Baldung und Albrecht Dürer fand seine Ergänzung in dem der berühmten Straßburger Drucker mit den Nürnberger Humanisten. Als schließlich die Reformation kam, schlug Straßburg dieselben Wege ein wie die meisten Reichsstädte, d. h. es wurde, mitsamt seinem Münster, protestantisch, und seine Zukunft schien für immer an die weiteren Schicksale deutscher Kultur gebunden zu sein.

Die Schicksale deutscher Politik verhinderten das. «Von Seiner Kaiserlichen Majestät dem guten Wetter und seiner Fortuna überlassen,» wie sich der elsässische Schriftsteller Karl Gruber ausdrückt, wurde Straßburg mit dem Elsaß französisch. Was aber blieb von den Ideen und Zuständen jener zweiten Periode kultureller Erlebnisse? Man denke daran, was heute noch für Deutschland die Reformation und der Humanismus bedeuten; wie die Landknechtszeit, Hutten und Götz, Till Eulenspiegel und der Doktor Faust in unserem Gedächtnis nachleben. Für die Elsässer besteht diese Zeit nicht mehr; keine Sage, kein Lied, nichts überhaupt erinnert daran. Sie kennen ihre eigne Geschichte nicht mehr, und mit den elsässischen Namen wie Geiler, Sebastian Brant, Jakob Sturm sind für sie keine unmittelbaren Wertgefühle verbunden. Und wenn der deutsche Beurteiler sich der Hoffnung hingibt, es ließe sich, ebenso wie die erste Periode durch die zweite und diese durch die dritte unwirksam gemacht wurde, auch die dritte französische ohne weiteres durch die jetzige deutsche in ihren kulturellen Wirkungen ersetzen, so tritt uns in dieser Anschauung ein fundamentaler Irrtum entgegen, das ganze Unverständnis, mit dem die elsässischen Zustände beurteilt werden.

Der äußerste Termin, zu dem das Elsaß, ohne an seinem deutschen Wesen Schaden genommen zu haben, wieder deutsch hätte werden müssen, war 1789. Das große Jahr mitsamt seiner Folge, der napoleonischen Zeit, das die Welt änderte, bedeutete auch für das Elsaß das schwerwiegendste und seltenste Ereignis im Leben eines Volks: den Wechsel im Ideal der äußeren Lebenskultur, und auch in solchen Idealen, nach denen das tiefste seelische Bedürfnis des Volks greift: das traditionsbildende Bedürfnis, sich begeistern zu können. Als mit den Thermidorianern und dem Direktorium Frankreich ruhiger zu werden begann, hatten die Elsässer zusammen mit ihm die beispiellosesten Tage der Geschichte erlebt, war auch für sie das Bewußtsein, in eine neue Zeit getreten zu sein, hinter der das Alte versunken ist, die unvermeidlichste aller Empfindungen. Die große Idee der Freiheit hatte die demokratischen Instinkte des alemannischen Bauernstamms gewonnen. Die Glut, die Leidenschaft, die Raserei der guten und der schlimmen Ereignisse, der fanatische und ruhmvolle Kampf der Republikanerheere gegen die Monarchen; die Fülle neuer Symbole, Ideen, Einrichtungen hatten das alte hitzige Blut geweckt, die *Phantasie erwachen lassen.* Daß die Marseillaise in Straßburg zum ersten Male gesungen wurde, erscheint wie ein Symbol.

Den Ausschlag gab Napoleon. Durch ihn wurden die Elsässer enthusiasmierte Franzosen. Man sollte sie ganz beherrschen, diese Napoleonische Ära, der auch Deutschland so viel verdankt, so viel Freiheit, Antrieb und Grundlagen; man muß selbst eine Zeit erlebt haben, in der man seine Phantasie ganz mit ihr angefüllt hatte, um zu begreifen, wie sie den elsässischen Stamm mitriß, seine Seele imprägnierte. Es ist das Verdienst Karl Grubers, in dieser Tatsache die ausschlaggebende gesehen zu haben. «Der anfangs uferlosen enthusiastischen Volksstimmung schafft das Kaisertum eine organische Vorstellungswelt, halb Realität, halb Symbol und Legende, aber eben durchaus militärischen Gepräges: die Welt der nationalen Gloire. Diese ersetzt und beseitigt endlich die mittelalterlich-elsässische Gedankenwelt ... Nach anderthalb Jahrhunderten verwischter Individualität spielt der Stamm, und zwar durch eine persönliche Stammestugend, wieder in der Staatengeschichte mit. *Das wirkt wie nationale Wiedergeburt* ... Man war nationalfranzösisch geworden, als die Befreiungskriege einsetzten. Ohne Bedenken machte man Frankreichs Los zu dem seinen ... Bedeutungsvoll erschien es, daß gerade das Elsaß Napoleons letzte militärische Position, daß die Verteidigung Hüningens die allerletzte Fanfare des gestürzten Kaisertums heißen durfte. Mit dieser tragischen Würze wiegt das Jahr 1815 wohl am schwersten in der altelsässischen Erinnerung ... Als der Kaiser tot war, übertrug die Volksphantasie ihre Sympathien auf das Heer. Die hohen Pensionäre der großen Armee, die sich im Elsaß auszuruhen kamen, die breite Masse der Veteranen frischten immer wieder die verblichene Ruhmeszeit auf und sorgten für eine widerstandsfähige Legendenbildung ... Bourbonen, Revolutionen treten auf und vergehen, nicht geliebt und nicht geschmäht; alle Liebe des Volks hängt an der Armee.» (Gruber, Seite 8–10.)[1]

1 KARL GRUBER: *Zeitgenössische Dichtung im Elsaß*. Straßburg, Ludolf Beust, 1905.

Gemeinsame Erlebnisse verbinden. Aber an allem, was seit 1750 den Inhalt des deutschen Bewußtseins bildete: die friderizianische Zeit, das Entstehen und die Blüte einer deutschen Nationalliteratur, der Zusammenbruch bei Jena, die Erhebung 1813, die Burschenschaft, das liberale Professorentum, die deutsche Frage, die Kämpfe um ein Deutschland mit Ausschluß Österreichs, 1870 schließlich – an all diesen Ereignissen, die den deutschen Charakter, den ganzen deutschen Lebensstil geschaffen haben, *nahmen die Elsässer überhaupt keinen Anteil*. Sie verstehen diesen Lebensstil daher nicht, sie hassen ihn sogar jetzt, da er ihnen aufgezwungen wird. Denn in derselben bedeutungsvollen Zeit des ausgehenden achtzehnten und des neunzehnten Jahrhunderts, in der das Bewußtsein der Völker von ihrer Eigenart geboren wurde, wandte sich der Elsässer dem französischen Lebensstil zu, das heißt einer Art, das Leben zu sehen und einzurichten, die in tausend Äußerungen der deutschen entgegensteht. Es wäre interessant, sie im einzelnen, nach Sprache, Verkehr, Formen, nach Küche und Toilette, zu betrachten und so eine Anschauung des reichen elsässischen Lebens zu gewinnen; aber es würde zu weit führen, eine Reihe von Genrebildern zu entwerfen. Hier, wo es auf eine theoretische Untersuchung ankommt, um zu erkennen, ob man vom Elsaß ein Mitarbeiten an den Fragen deutscher Kultur erwarten darf, möge der abstrakte Begriff des französischen Lebensstils genügen, um den zweiten Gesichtspunkt zu bezeichnen, unter dem man den Elsässer betrachten muß. Den dritten und letzten gibt das elsässische Temperament ab.

Während die reichen und sozial bevorzugten Teile der

Bevölkerung, deren Typen man seit dem Julikönigtum in den plutodemokratischen Kreisen der Notare, Anwälte, Ärzte, Fabrikanten, Abgeordneten kennen gelernt hat, den französischen Lebensstil gänzlich angenommen haben, so daß sie dasselbe Bild einer intimen, unauffälligen, Geschmack mit gut bürgerlicher Lebensklugheit verbindenden Kultur bieten, ging der eigentliche Kern und die Masse der Bevölkerung nicht dermaßen restlos in ihm auf. Aber er blieb und ist ihr *Ideal*. Das wiegt vielleicht noch schwerer, wenigstens vorderhand. Die gewähltere Sprache, das Hochdeutsch gewissermaßen des dialektsprechenden Elsässers ist Französisch. Der Stamm selbst ist noch innig mit dem Boden, der bäurischen Scholle, dem Weinberg verwachsen. Es gibt hier nicht den großen Gegensatz von Städtern und Landbewohnern. Jeder einzelne steht – die Fabrikarbeiter in Orten, die seit Generationen Industriezentren sind, vielleicht ausgenommen – irgendwie mit einem Fleck dieses reichen, fruchtbaren und schönen Lands in innigster, und mit seinen Bewohnern in verwandtschaftlicher Beziehung. Die deutsche Erscheinung einer vermögenslosen, vor allem grundbesitzlosen Beamtenschaft ist unbekannt. Das Land ist reich genug für seine Bewohner, und sie lieben es so wenig wie der Pariser, die engere Heimat zu verlassen. Daher ist das Bauernblut gleichmäßig durch die Adern des ganzen Volkes verteilt.

Man kennt dieses alemannische Blut bereits von den Schweizern her. Aber die Elsässer sind noch härter und trotziger. Man darf für diese Begriffe nicht Schwerfälligkeit und Herbe des Gemüts setzen. Vielmehr: die Elsässer sind der absolut unsentimentale unter den deutschen

Stämmen. Rauh wären sie erst, wenn sie im harten Hochgebirge ansässig wären. Da sie in dem freundlichen, zum Lebensgenuß einladenden Garten des Elsaß sitzen, wäre es eine Karikatur, sie grob zu nennen. Es ist aussichtsreicher, zu sagen, der Elsässer sei nicht sanft, nicht gutmütig, nicht von jener Bereitwilligkeit, seine Art im Hintergrund zu lassen. Zwei Eigenschaften aber bestimmen alles an ihm: Wirklichkeitssinn und Unabhängigkeitsbedürfnis. Der Elsässer ist jäh und kurz in Bewegungen und Temperament, aber durchaus nicht geschmeidig. Sein Sinn geht mehr auf die sinnfälligen und sinnlichen Dinge als auf die geistigen. Er empfindet eine unmittelbare Geringschätzung für jede Auffassung, die komplizierte Ideen sieht, wo für ihn nur einfache Tatsachen und gesunde Ziele bestehen wie: es im Leben zu etwas bringen, dem Drang des stark entwickelten Erwerbssinns nachgehen, reichlich und mit Genuß essen und trinken. Aber dieser Realismus hat ein seelisches Fundament und einen Persönlichkeitswert: er ist so recht der Ausdruck einer uralten Bauernmoral, vor deren erfahrener Weisheit nur die egoistischen Triebe und die einfachen Notwendigkeiten bestehen bleiben. Jede Pathetik verfällt in diesen Seelen dem Schicksal, sofort erkannt und mit einem sehr aggressiven, scharfen, oft groben und höhnischen Spott beantwortet zu werden. Und wie der Elsässer durchaus unsentimental ist, so ist er auch absolut humorlos. Dies «absolut» enthält nicht ein Körnchen Übertreibung. Der Stamm ist alles andere als weich, und da er oben sinnlich genannt wurde, wird man verstehen, daß er jenen Zustand nicht kennt, der zugunsten eines pantheistischen Gefühls die Bedeutungslosigkeit des einzelnen entdeckte. Jeder wahrt schroff seine Unabhängigkeit, und das Elsaß ist daher auch, politisch betrachtet, ein durch und durch demokratisches Land, wobei dieses Wort sowohl im Wortsinn als auch allgemein symbolisch gebraucht ist. Der Sieg der unpersönlichen Idee dagegen, die Herrschaft des Abstraktums, das ist deutsch.

Damit kommen wir, uns dem Ziele nähernd, zu der Frage: wie empfindet der elsässische Stamm die deutsche Kultur und deutsches Wesen überhaupt? Nach allem Vorangehenden kann die Antwort nur lauten: als Gegensatz. Ein Resultat, das sicher die deutsche Eigenliebe reizen wird, vielleicht auch noch nie so schroff von deutscher Seite zugegeben wurde, wie es hier geschieht. Den meist norddeutschen Beurteilern fehlt das intimere Verständnis für elsässisches und französisches Wesen: sie sehen in der geschichtlich bedingten Eigenart der Einheimischen meist weiter nichts als ungerechtfertigte Böswilligkeit, die man durch Schneidigkeit brechen muß. Man vergaß, die politisch Eroberten auch kulturell zu erobern. Welche Schwierigkeit mit diesem Unternehmen verbunden wäre, davon haben auch heute noch wenig Altdeutsche eine Ahnung.

Erinnern wir uns nun nochmals der drei Gesichtspunkte: der napoleonischen Ära, des französischen Lebensstils und des elsässisch-alemannischen Temperaments. Das gemeinsame Resultat aus allen drei Kräften ist das Elsässertum des neunzehnten Jahrhunderts, das heißt ein organisches Gebilde, für das der Begriff Nation nur darum nicht zur Verfügung steht, weil die politische Selbständigkeit fehlt. Ein süddeutscher Stamm, den schon von vornherein ein ausgeprägtes Temperament von norddeutschen und mitteldeutschen Stämmen trennt, ist durch geschichtliche Schicksale dem Reich entfremdet und mit französischer Kultur imprägniert worden. Es hätte unter Umständen auch hier ein selbständiges politisches Gebilde erstehen können, wie es bei andern ehemaligen Gliedern des deutschen Reiches geschah, der Schweiz und den Niederlanden. Die Tatsache, daß das Elsässertum der deutschen Kultur feindselig gegenübersteht, erhält jetzt erst einen entsprechenden Hintergrund: es liegt solcher Feindschaft etwas wie ein Kampf um eigne Art zugrunde. Wohin wird nun die weitere Entwicklung die Elsässer führen: zur deutschen, zur französischen, zum Ideal einer eignen Kultur?

Die deutsche Kultur tritt den Elsässern in wesentlich norddeutscher Form entgegen, d. h. als der Lebensstil der Beamten- und Militärkreise und in Gestalt der deutschen Schule. Es ist bemerkenswert, daß dem preußischen Geist keine werbende Kraft innewohnt. Straffheit, Pflichttreue und Moralität machen noch nicht die Kultur aus. Die Weltanschauung im neuen Reich ist eine einzigartige Summierung einer Reihe von Abstrakta, deren Unpersönlichkeit, Unsinnlichkeit und Anspruch auf unbedingte Autorität schon als unvereinbar mit dem alemannischen Wesen geschildert wurden. Diese Abstrakta sind der deutsche Monarchismus, Militarismus, die Beamtenhierarchie, der Idealismus, die Sittlichkeit, die Pflicht – alles Dinge, an denen ein unvoreingenommener Sinn eine starre und peinliche, eine aufdringliche und darum abstoßende Übertreibung herausfindet. Die schnarrende und eckige Vornehmheit des preußischen Leutnants, die doch nur billig und äußerlich ist, die Trivialität und Philistrosität bürgerlichen

—

Behagens, der ungeheuerliche Mangel an Geschmack in den Dingen der Kunst, des äußeren Benehmens, der Toilette – das ist nicht danach angetan, die Liebe für französische Kultur aus dem Felde zu schlagen, aber auch nicht, was den Ausschlag gibt, die unpathetischen, spöttischen und demokratischen Gefühle des Stamms zu gewinnen. Dagegen hat man erwartet, daß der kriegerische Sinn des Elsässers sich zuerst für das militärische Deutschland entscheiden werde. Aber es gibt keinen schrofferen Gegensatz als den zwischen der französischen gloire, die den einzelnen in einem poetischen und klingenden, einem fiebernden und stolzen Taumel mitreißt, und der deutschen Auffassung, die in starrer Unpersönlichkeit nur von Pflicht und der Wahrung der sittlichen Güter spricht. Und nach den Dienstjahren wird der eine das Mitglied eines Kriegervereins, der andere zu der novellistischen Gestalt eines elsässischen Veteranen.

Hat die Kultur, wenn auch nicht die deutsche, überhaupt etwas vom Elsaß zu erwarten? Da es auch die französische in einem politisch und sprachlich zu Deutschland gehörenden Land nicht sein kann, bleibt nur noch die Möglichkeit der selbständigen, der nationalelsässischen Kultur. Nun, die Begabung des Elsässers für dichterisches Sehen zum Beispiel und seine Empfänglichkeit dafür ist gering. Das ergibt sich schon aus den angeführten Eigenschaften, daß er unsentimental, humorlos, unpathetisch ist. Der Elsässer ist daher auch unlyrisch. Das Volk kennt weder die Fülle noch die Stimmung der Märchendichtung, das «elsässische Sagenbuch» ist im wesentlichen eine Aufzählung der Orte, wo die von keiner Phantasie ausgeschmückte Existenz weißer Frauen, vergrabner Schätze und Ähnliches festzustellen ist. Der Elsässer ist unzärtlich; seine Kunst würde ebensowenig die Welt des Melancholischen wie die des Tragischen kennen, und alle Fähigkeit, leidenschaftlich zu sein, beschränkte sich bei diesem Stamme auf den Ausbruch kriegerischer Instinkte.

Das Resultat dieser ganzen Untersuchung besteht darin: die Hoffnungen, die man an den «ausgeruhten Stamm zwischen Vogesen und Rhein» knüpft, sind auf lange hinaus noch verfrüht. Die künstlerischen Begabungen, die aus dem Lande oder unter den Altdeutschen in ihm entstehen, werden nie in vollem Umfange das Elsässertum repräsentieren, sondern vereinzelte Erscheinungen sein, die sich zum Anschluß an eine größere Kultur entschließen müssen. Diese wird keine andere als die deutsche sein, aber – soweit man aus Andeutungen Schlüsse ziehen kann – eine mit einem freieren Blick betrachtete, eine mehr süddeutsche Kultur.

Im Rebgelände

(...)

Wenn die «ärgste» Hitze vorüber ist, brechen wir auf, um in einem kleinen Nachmittagsspaziergang den berühmtesten Weinort der ganzen Gegend zu erreichen: Reichenweier. Rappoltsweiler ist der Hauptort des Weinhandels, aber eben darum weniger Winzerort. Zum südlichen Tor hinausziehend – die Stadt war früher ein System von Einzelgliedern, die bei den Erbschaftsteilungen der Grafen entstanden und alle besonders befestigt wurden, daher noch mitten im Ort der Metzgerturm steht – kommen wir bald ins hüglige Rebgelände, durch das wir nun bis Reichenweier marschieren.

Die Landschaft hat einen anderen Charakter angenommen. Das Weite der Ebene und die Felsenromantik Rappoltsweilers sind geschwunden, der Blick, der links und rechts nur noch über die gleichmäßigen Reihen der «Rebstecken» gleitet, an denen hierzulande die Rebe emporklettert, wird enger und bescheidet sich. Jeder einzelne Stock spricht von Sauberkeit und zäher Kleinarbeit: diese Landschaft der sanft geschwungenen Vorhügel wirkt als friedliches Pastorale, und in der Tat ist vielleicht der anderswo so drückende Sonntagnachmittag hier die anmutigste Besuchszeit. Wer von Rhein und Main kommt, weiß, wieviel Sorge die Rebe das ganze Jahr über erfordert; man empfindet eine unwillkürliche Achtung vor dem Eigentum des Landmannes, und sie selbst respektieren sich gegenseitig: kein gemeinerer Racheakt, als dem Feind die Stöcke durchzuschneiden.

«Städtlein und Schloß liegt ganz lustig auf einem fruchtbaren Berg» vermeldet Merian. Das ist Zellenberg, das uns, nachdem wir Hunaweier mit seiner alten befestigten Kirche rechts haben liegen lassen, auf seinem ganz mit Wein bewachsenen Hügel den Weg verlegt. Zwar ist das Schloß verschwunden, aber sonst ist Zellenberg noch der merkwürdigsten alten Orte einer: noch wie zu den Zeiten, als es ein befestigtes Dorf war, besitzt es nur einen einzigen Ein- oder Ausgang, und die weithin weiß leuchtenden Außenwände der Häuser wachsen steil, mit eingebrochenen Fenstern wie eine Burgmauer in die Höhe. Es ist gefährlich, die Leute von Zellenberg nach dem Ausgang ihres Dorfes zu fragen – überhaupt liegt es wie ein Städtchen Gottfried Kellerscher Erfindung, auch in seiner friedlichen Vergessenheit, da oben auf dem Hügel, in das mittägliche Träumen ganz eingesponnen. Der Himmel ist von einem milchhellen Blau und über die verbrannten Steine der Weinbergsmauern huschen goldene und grüne Eidechsen.

Wenn wir uns Reichenweier nähern, breiten sich schon die ersten Regungen des Vorabends über die Landschaft; kommen wir an einem Sonntag, so ist es die Stunde, um die Arm in Arm, im langen schwarzen Kleid und ohne Hut die jungen Mädchen aus der letzten Konfirmandenstunde einen Spaziergang vors Dorf machen. Wir sind hier in einer wesentlich protestantischen Gegend, der Heimat Philipp Jakob Speners; im Unterelsaß würden die Mädchen weiß gekleidet sein. Burschen sind freilich nicht dabei. Die sitzen in den Wirtschaften und auf der Kegelbahn im hinteren Stadtgraben von Reichenweier, wenn sie nicht auf den Kilben herumtanzen, wobei das Vergnügen auch im wesentlichen auf das Trinken hinausläuft. Dabei ist es heute nicht einmal der Hauptsache nach Wein. Auch hier verdrängt das Bier immer mehr das einheimische Getränk – aber wir wollen hier nicht den Gründen der betrüblichen Erscheinung nachforschen; schließlich wächst der Wein trotz aller Klagen vorderhand immer noch und zumal Reichenweier erhebt den Anspruch darauf, den besten Elsässer zu erzeugen. Das kleine Zellenberg freilich macht ihm seinen Ruhm streitig. Über den Schluß des bekannten Weinspruches:

Zu Thann im Rangen
Zu Gebweiler in der Wannen,
Zu Türckheim im Brand
Wächst der beste Wein im Land

herrscht Uneinigkeit. Die Zellenberger schließen:

Doch der Zellenberger Mantelkragen
Tut sie alle miteinander schlagen,

die Reichenweierer dagegen:

Doch gegen den Reichenweierer Sporen
Haben sie alle das Spiel verloren,

und das allgemeine Urteil neigt sich mehr ihnen zu.

Reichenweier hat sich ebenso wie das eine Stunde südlicher gelegene Kaysersberg seinen alten Charakter vortrefflich gewahrt. Marktbrunnen und Turm fehlen in keinem elsässischen Städtchen. Reichenweier war schon früh

württembergischer Besitz, der mit Mömpelgard und Hor-
burg bei Colmar eine Einheit bildete. Im Herzogsschloß,
das heute das Schulhaus ist, wurde der aus dem «Lichten-
stein» bekannte Herzog Ulrich von Württemberg geboren.
Auch Herders Frau stammte von hier, was eine Tafel vermeldet.

Vorausgesetzt, dass wir hier unter den «Weinstichern»
einen Freund haben, so wollen wir Vorsicht üben; sonst
bricht, wenn wir den Keller wieder verlassen, in dem wir
jedem der vielen kleinen und großen Fässer Ehre antun
mußten, plötzlich und mit furchtbarer Heftigkeit ein be-
sinnungsloser Rausch aus, der den Reichenweierern wohl
bekannt ist: an den Fremden, die nichts merken, solange sie
im kühlen weinfeuchten Gewölbe trinken.

Auf den Tag, wie es die Gemeinde festsetzt, beginnt im
Elsaß die Weinernte. Dann wird in unseren Dörfern und
Städten das ganze Leben auf die Straße verlegt, das Elsaß
betreibt seine wichtigste Angelegenheit, alle Hände rüh-
ren sich zu dem nationalen Werk. Die großen Keltern mit
den armesdicken Stemmbäumen versperren die Gassen,
und die Flügel der Falltüren öffnen sich auf den Trottoirs
über den Kellertreppen. Dann liegt über dem Ort, der schon
sonst durch seine Lage dicht im Schatten steiler Berge und
am Ausgang eines engen, schluchtartigen Tales eine kraft-
volle Kühle ausatmet, der alles durchdringende, sinnliche
Duft des Mostes, der ein paar verschwenderische Tage lang
unaufhörlich, rot oder sämiggelb, an allen Ecken und Enden in die Bottiche und Geschirre fließt. Zwischen Ort und
Rebbergen sind immer die Wagen mit den Knechten und

Mägden unterwegs, die die spitzzulaufenden Tragbottiche über die Schultern geschnallt haben; wer nur eine Ecke besitzt, wo sein kleines Quantum Wein für das nächste Jahr wächst, geht mit dem Schubkarren herbsten.

In den Hügeln selbst regen sich Hunderte von fleißigen Händen. Zwischen den gelben Blättern und den unzähligen Rebstecken leuchten die roten Unterröcke der Winzerinnen und die Hemdsärmel der Männer. Überall hört man Geschrei und Lachen und von Zeit zu Zeit das Singen einer heimfahrenden Schar. Und welch ein froher warmer Himmel über der ganzen Szene! Über dem kahlen Gestein des Bergkammes ist er gespannt und seidig, in der Mitte tief gewölbt und dunkler Stahl, eine schimmernde Schale, die den goldnen Glanz auffängt und zurückwirft, der von den jetzt tausendfach und heftig gefärbten Wäldern auf den Abhängen ausstrahlt und so wunderbar zu den goldenen, schweren Traubenbeeren paßt. Wenn man lauscht, hört man weit aus der Ebene überall dasselbe Rufen, Jauchzen und Singen, das in der Herbstluft weiterträgt und die Menschen erschüttert. Die Melancholie des sterbenden Jahres mischt sich in die entfesselte Freude.

Wer um diese Zeit zum Winzer kommt, findet in den nun nicht mehr abgesperrten Hügeln offene Gastfreundschaft, und wer gesund und taktvoll genug ist, er selbst, ein Mensch aus anderen Verhältnissen und mit anderen Voraussetzungen zu bleiben, wird schnell die Zuneigung dieser Menschen finden. Erntefeste wollen nicht mit Rührung, sondern realistisch, das freilich mit allen freien Sinnen, aufgefaßt werden. Nie lernt man den elsässischen Bauern besser kennen als zu dieser Zeit. Sein Leben ist ein zähes

Ringen um Erwerb, und er verlangt, daß jeder sich mit ihm auf diese realistische Grundlage stellt; wo er Phrasen und eine nicht bodenständige Betrachtung wittert – und dafür hat er ein außerordentlich feines Empfinden – antwortet er mit einem Mißtrauen, das so aus seinem Innersten kommt, daß er am liebsten angreiferisch wird. Das gegebene Thema des elsässischen Dialekttheaters ist die Komödie, die gut-gespielte Verspottung des Unechten. Niemand ist mehr als der Bauer abgeschlossene Persönlichkeit, niemand mehr selbständiges, seine Grenzen wahrendes Individuum, selbst seinen Allernächsten gegenüber. Kurz, der Bauer ist auch im Elsaß nicht sentimentaler als anderswo, er ist es sogar noch weniger, da ihm der Hang zur Reflexion und zur Tiefgründigkeit, den man in einigen Gegenden bei ihm findet, ganz fehlt. –

Wer unseren Ausflug in eine richtige Weinreise durchs elsässische Rebland ausgehn lassen will, wandert von Reichenweier über die Siegolsheimer Höhe nach Siegolsheim, Kienzheim, Kaysersberg, Ammerschweier nach Türkheim. Auf einer kurzen Strecke hat er fünf alte Städtchen mit kühlen Gassen und wohlerhaltenen Toren berührt.

Paris

Die Verheißung

20. Februar. Es ist Frühling geworden.

Ich war heute morgen in Meudon. Ich habe selten etwas so Schönes, so Rührendes empfunden als hier, wo ich zwischen den hohen aufgemauerten Steinwänden, die die Villengärten abgrenzen, den Hügel hinaufstieg.

Diese Mauern sind im Sommer eine Schlucht voll kühlen Schattens, Efeu hängt an ihnen nieder, Steineichen überrauschen sie – Steineichen und die Bäume, die rote und weiße Kerzen aufstecken, Kastanien, meine Frühlingsbäume.

Dann, als die Bahn überschritten war, kam die lange, die herrliche Allee, die zur Terrasse von Meudon führt. Sie hat vier Reihen von Lindenbäumen.

Noch fehlt alles Laub, aber schon ist um die Stämme ein erster Hauch jenes violetten Schimmers, der anzeigt, daß die Säfte steigen.

Die Häuser sind noch unbewohnt, ihre Läden sind noch geschlossen; aber heute, an diesem Sonnentag, war es wie drei, zwei, eine Minute vor dem Augenblick, wo sie geöffnet werden, wo Licht und Fliederduft in sie dringen werden.

Schon schlugen Vögel, die ich nicht den Mut habe, Drosseln zu nennen, und die doch gewiß Drosseln gewesen sind, in den rückwärts gelegenen Gärten. Schon lag überall die Heiterkeit über der bewohnten Landschaft, die französische Heiterkeit, die sich mit der koketten und verschwiegenen Eleganz dieser Liebesnester untrennbar verbindet.

Dann auf der Terrasse bot sich wieder der Blick auf Paris, von dem man träumt.

Paris ist ganz fern, die Zwischenräume angefüllt von Viadukten, über denen die Rauchfahnen donnernder Züge flattern, von Flußarmen, die mit Pappeln gesäumt sind, von kühlen Siedlungen, die sich sanft in eine Höhlung betten, aus der Kamine rauchen.

Paris ist ganz fern, eine weiße Stadt in blauem Dunst, eine Summe weißer Städte, die über kleine, weitgestreckte Hügel kriechen und in ihrer Helle wie Afrika sind.

(...)

Quai des Bourbons

Ich bin umgezogen; das gute Gefühl für jene Wanze, die ein Vorbote des Frühjahrs war, begann umzuschlagen – sie hatte es ihren Freunden weitergesagt, und es kamen zu viele.

Ganz im Quartier bin ich nicht mehr, aber doch noch an seinem Rande, auf der Insel, mit dem Blick auf seine Brandmauern, die sich, eine immer einen Schritt hinter der andern, wie Kulissen aufbauen, und auf Notre-Dame.

Es ist ein vornehmer alter Bau von vier Stockwerken. Ganz unten haust, in einer Loge und im Torgang, wo die Oleander stehn, die Pförtnerin, eine Wallonin mit Embonpoint und dunklen Mandelaugen, ganz oben ich.

Wer etwas vom Raffinement des Wohnens versteht, zieht immer in den vierten Stock. Wie tief befriedigend ist es, eine, zwei, drei, vier Treppen zu steigen und je höher man gelangt, desto tiefer die Welt, die Stadt, den Lärm, alles was belästigt und nach einem greift, hinuntersinken zu fühlen.

Dann fällt die Tür ins Schloß, man schiebt den Riegel vor – nun könnt ihr mich alle, gesetzt den Fall, meine Laune ist gerade so, gern haben, nicht wahr, und wenn es schellt, sage ich vielleicht: Geben Sie sich keine Mühe, ich habe nichts gehört:

Denn vorläufig ist mir meine Wohnung Gefährtin genug, voller Reize, denen ich mich widmen muß.

Zwei Zimmer nach vornen, teurer als ich sie mir eigentlich leisten darf, und in irgendeiner Ecke eine Küche, ewig aufgeräumt und sauber, weil ich sie nicht benutze.

Das Schlafzimmer ist ein französisches Liebesnest, hell und heiter, mit einem niederen, breiten Messingbett – das kann alles bleiben.

Das Wohnzimmer muß ich ein wenig umräumen.

An der einen Längswand ist ein Kamin mit Spiegel, an der andern ein Büfett, dazwischen ein schwerer Eßtisch – es fehlt eine Schreibecke.

Ich stelle sie her, indem ich ans Fenster einen Spieltisch stelle. Er wird aufgeklappt, ein Quadrat aus grünem Tuch, von dunklem Rosenholz eingefaßt – das leuchtet stark und freudig. Auf das Grün stelle ich gelbe Romane: sie müssen die Rolle des Aufsatzes übernehmen, der zu einem Schreibtisch gehört.

Aber ich habe noch mehr Bücher, wohin mit ihnen? Mein Bild fällt auf eine Tapetentür, gerade vor mir, zwischen Fenster und Kamin. Ich öffne sie, ein blauer Wandschrank mit Fächern kommt zum Vorschein. Die Fächer nehmen die Bücher auf, und nun mache ich es so: Wenn ich mich an das

Tischchen setze, öffne ich den Schrank und habe die Bibliothek vor mir; wenn ich ausgehe, schließe ich sie und alles ist verschwunden.

Abends kommt auf den Schreibtisch noch eine Lampe: in ihrem Bassin schwimmt das Öl (beste Marke), ganz weiß, durchsichtig, rein. Diese Reinheit spielt bald eine große Rolle in meinem Leben; sie verlockt zum Arbeiten, sie glänzt so schön.

Neben der Lampe liegt ein Päckchen Tabak. Ein englisches Fabrikat, goldgelb, lange Fäden, wie Frauenhaar, stark von Geruch.

Man nimmt zwei Finger voll, legt sie in ein Stückchen Papier und rollt es knisternd.

Aber sind es der grüne Tisch, die schimmernde Lampe, der duftende Tabak allein? Ein viertes, nein, ein erstes, allererstes kommt dazu – das ist das Bewußtsein, in einer Weltstadt zu sein, es ist das Wissen um die Dienste, die sie erweist, wie sie in ihre Arme nimmt, wie jeder Gang durch sie eine kleine Freude gibt, wie gastlich sie ist, wie sie alle Sorgen glättet.

Sitze ich zu Hause, so denke ich an den Streifzug, der nachher kommen wird, wie an die Begegnung mit einer Freundin; und bin ich auf dem Streifzug begriffen, denke ich an mein Zimmer, das auf mich wartet: so ist jede Stunde gefüllt und immer hat man eine Erwartung im Blute.

(...)

Ich bin mit der Alten, die mir den Matin und die Brötchen bringt, in ein vertrauliches Verhältnis gekommen.

Wenn sie morgens um acht bei mir aufschließt, ist sie schon fünf Stunden auf den Beinen. Um drei erhebt sie sich mit ihrer Tochter, ob es Winter oder Sommer ist, zündet das Feuer im Ofen an und kocht Kakao, einen Trank, der nicht heiß genug sein kann, denn sie stellt sich damit in eine Ecke am Ufer und verkauft ihn an die ersten Arbeiter, die in der großen Stadt an ihr Werk gehen, oder auch an die letzten, die von ihm heimkehren, Straßenfeger, Fuhrleute aus den Markthallen, Bäckerburschen, Polizisten, Fabrikarbeiter, Zeitungsausträger, Schiffsknechte, Dirnen, die aus einem fremden Bett in ihr eigenes wanken.

Dann macht sie sich auf den Weg nach dem Boulevard, wo die Zeitungspaläste stehen. Und der Weg ist weit von der Insel. Vor einem Schalter drängt sich ein Dutzend Menschen, junge und alte, und ersteht die frischen Soublätter. Vier Centimes müssen sie für das Stück selbst bezahlen, ein Centime gehört ihnen.

Wenn sie zwanzig abgesetzt haben, ist es ein Verdienst von fünf Sous.

Für eine alte Frau ist es schwer, sie zu verdienen. Die jungen Burschen haben schnellere Beine und stärkere Lungen, und die Menschen, die früh um sechs in Schuppen und Bahnhöfe eilen, sind mürrisch und haben keine Zeit, und man kann ihnen eine Zeitung nur verkaufen, wenn man neben ihnen herläuft und eine Kupfermünze aufzufangen weiß.

—

Dann geht sie zu mir, dann noch in eine Wohnung, um die Zimmer zu fegen, dann nach Haus, um zu kochen. Am Nachmittag bügelt sie und am Abend tut sie es immer noch, und dann zum Schlaf sind vier Stunden genug. Eine alte Frau schläft nicht mehr viel – pourtant, monsieur, la vie est dure.

(...)

Ein verlorenes Idyll

Wenn der Abend sich auf die Stadt senkt und der Himmel unsichtbar wird, als schlösse er wie ein Laden zur Feierabendstunde seine Läden, verlasse ich mein Zimmer und streife durch die Volksquartiere des Temple und der Bastille.

Eine Zeitlang verlockten mich die vornehmen Viertel hinter der Oper, aber sie sind nur elegant und langweilig. Das Leben zieht sich in ihnen schon hinter die Häuser zurück; in ihnen werde ich nicht mehr an die große Materialität des Daseins erinnert, nicht an die Arbeit und den Unterhalt, nicht an den harten Zwang des Tages.

In den Volksquartieren sind Haus neben Haus Läden.

Die Läden sind eng, manchmal so eng, daß man sich nicht in ihnen umdrehen kann, denn sie sind nur ein Verschlag in einem Hausgang, ein abgezwungenes Winkelchen einer Straßenecke, in dem eine Frau, in ihren Schal vermummt, auf einem Schemel sitzt und den Kartoffeln die Augen aussticht, um sie in einem riechenden Fett zu braten und dann für einen Sou in einem Zeitungsfetzen an einen hungrigen Lehrbuben, einen rußigen Arbeiter zu verkaufen.

Im Fleischerladen steht der Mann und hackt die Knochen auseinander, und sein Weib sitzt im Kontor und läßt prüfend die Geldstücke auf der Marmorplatte klingen.

In den Bäckerläden lehnen an allen vier Wänden ganz lange und ganz schmale Brote in Reih und Glied.

In einer Garküche flammt ein mächtiges Feuer und sieben Hühner zischen an einem Spieß.

In den Charcuterien ringeln sich Bratwürste wie gefleckte Schlangen auf einem runden Weidendeckel.

In einer muffigen Bude steht ein alter Jude und bietet alles feil, was Menschen gebraucht haben.

In einem Bücherverschlag verkauft ein Bursche Kolportagehefte, die schon durch zehn Hände gegangen sind.

Alle Läden gehen bis auf den Bürgersteig hinaus; der Fleischstücke, der Grünwaren, der getrockneten Fische, die aus Island kommen, der Käse, der Stiefel, der Tuchreste sind gigantisch viele, und es ist wie im Schlaraffenland, nur mit dem Unterschied, daß für einen Armen nicht ein Bröselchen abfällt.

Die Menschen hasten. Sie fahren in Kutschen, in Omnibussen, in Dampfwagen, auf Rädern und Karren; wenn man stehen bleibt, zittert der Boden, den die Untergrundbahnen durchrasen.

Jämmerliche Mütter tragen halbtote und kranke Kinder auf den Armen; die Kokotten schreiten geschminkt, wiegend und beutelüstern aus den Seitengassen in die Lichter des Fahrdammes; ein Stelzfuß späht lange Zeit aus, um die Straße überschreiten zu können; der Agent dirigiert mit dem weißen Stab den Verkehr, der sich verfilzt und unentwirrbar erscheint.

Viele Gesichter sind gemein, gereizt und abgespannt – es ist keine Freude in ihnen und das Leben ist hart. Aber einige tragen Züge, die von Ernst und Menschlichkeit sprechen, und allen diesen Leuten gebührt Achtung, denn sie arbeiten.

Vor einer kleinen Druckerei bleibe ich stehen und sehe zu, wie Visitenkarten und Geschäftsempfehlungen gedruckt werden.

Eine saubere, intelligente Maschine, die auch ich verstehe, hat drei Walzen, die über eine Farbfläche laufen; die Buchstabenfläche senkt sich nach vornen und schmiegt sich mit einem sanften Druck für eine Sekunde an ein weißes Stück Papier, dann tritt sie zurück, und das Papier ist mit schwarzen Zeilen bedeckt.

Ein junger Bursche steht vor der Maschine und bedient sie. Es ist in seiner Haltung etwas, das mich rührt.

Es läßt sich schwer beschreiben, es ist etwas Ruhiges und Würdiges, und die Würde ist nicht streng – es ist die richtige Haltung, die man bei der Arbeit haben muß. Die Arbeit gibt ihm selber Brot und dem, der sie bestellt hat, Nutzen.

Es ist eine Auffassung, die nicht mehr in die Weltstadt paßt; die Weltstadt hat das Persönliche aufgehoben und kennt nur noch die Bestellung, die durch viele Hände geht: sie läßt unlustig werden.

Er macht eine Wendung, und ich sehe auch sein Gesicht; es ist sanft und trotzig.

Der Bursche erinnert an einen jungen Meister, wie sie in vergangenen Jahrhunderten in einer deutschen Reichsstadt lebten und bei der Arbeit vor dem Amboß, dem Leisten, sich mit einem bescheidenen Selbstgefühl der festen Grenzen ihres Lebensbezirkes bewußt waren.

Gewiß sahen so die Drucker der Humanistenzeit aus, die wohl fühlten, daß sie mit ihren geschwärzten Händen Wissen in die Welt trugen.

Aber heute ist das nur ein verlorener Posten.

(...)

Über der Stadt

Nie gelang es mir, mich an dem berühmten Blick, den Montmartre über Paris gewährt, zu entzünden.

Immer war die Stadt da unten nur ein Dächergewirr, über dem schmutzige Rauchfahnen schwammen.

Viel schöner ist es umgekehrt, in der Ferne zu sein und Sacrecoeur auf Montmartre zu erblicken. Von der Terrasse von Meudon aus schwebt es traumhaft und weiß gleich einer Wüstenspiegelung im Himmel; in der Stadt selbst steht es am Abschluss mancher Straßen, die senkrecht von den Boulevards darauf zu laufen, in einer nahen und steilen Höhe wie ein sanft blauschimmernder Zuckerguß – auch da noch wie ein Phantom, nur weil seine Mauern unverputzt und roh geblieben sind und weil der Kirche das Geld fehlt, um diesen Triumphbau über dem republikanischen Paris zu vollenden.

Aus der Nähe ist er hässlich, er ist barbarisch, er ist moderner Kitsch in einem wüsten Experimentierstil, und er macht die Höhe von Montmartre nicht verlockender.

Was willst du an dieser Stätte, zu der Engländer in einer Zahnradbahn hinauffahren, wo die Gläubigen in einer Bude Heiligenbildchen als Andenken kaufen und die Freimaurer sich an dem Denkmal jenes Offiziers erbauen, der getötet wurde, weil er eine Prozession nicht grüßte – als winziges Gegenstück ist es aller Einrede zum Trotz der Kirche mit den prunkenden Dimensionen vor den Eingang gestellt worden?

Nein, das ist nicht Montmartre, weder das Schaustück noch die Ausschau. Das Herz von Montmartre ist ein Idyll, und es ist ein paar Schritte seitwärts gelegen.

Von der Hauptstraße biegt man ab, genau da, wo sie die Höhe der Kirche erreicht und sich hinunter zu den Vororten und der Ebene zu senken beginnt, und steht auf einem kleinen Platz. Es ist der Platz in einem Landstädtchen, vom Schulgebäude, der Mairie und einigen Kleinbürgerhäusern umstellt und so klein, daß die vier Reihen von Bäumen ihn leicht verdüstern.

Es ist die Provinz inmitten von Paris, es ist die Ruhe der Großväterzeit, umbraust von dem Dröhnen der tausend Autoomnibusse, und nicht von ihm berührt. Dort unten tobt und brennt der Jahrmarkt jenes Montmartre, das die Fremden kennen – hier ist das alte Frankreich mit dem einfachen und geordneten Leben.

An der Ecke liegt sein Restaurant – kommt, laßt uns essen, wie überall im Lande noch der Bürger ißt.

Der Raum ist klein und schmucklos, gelbe Holztische für zwei, drei Menschen, schwarze Ledersofas und ein Paar Stühle.

Ein weißes Tischtuch wird ausgebreitet, ein offener Rotwein, Brot und Besteck darauf gesetzt, dann kommt der Wirt und bespricht das Menu.

Er bespricht es, wie in ganz Frankreich die wichtige

Frage des Essens besprochen wird, und wer ein so großer Barbar wäre, daß er das innere Gesetz der Anordnung und Verteilung durchbrechen wollte, würde von Wirt und Kellner höflich und bestimmt eines Besseren belehrt werden.

Ein Essen besteht nicht, Fremdling aus dem Osten, aus einem Beefsteak, zu dem man Kartoffeln und Salat von einem Teller verschlingt – zuerst nimmt man eine Suppe, dann ein Fischgericht, dann ein halbes Hähnchen, dann Salat und dann eine Torte oder ein Stück Käse. Das alles ist leicht und heiter, es ist Verstand und Ordnung darin.

Danach brechen wir auf und streifen durch die Gassen des hinteren Montmartre. Auch da ist nichts von Stadt, Gaslaternen brennen gelb und mild, alle Dinge liegen in Schatten und abendlicher Ruhe.

Die Gassen werden zu Schluchten zwischen ganz hohen, gelben Mauern. Über die Mauern neigen sich die Kronen alter Bäume.

Das sind die verschwiegenen, trotzigen, starken Gärten, in denen Könige mit Geliebten, die Herrinnen waren, der sommerlichen Luft pflegten – noch steht der Garten Dianas von Poitiers.

Meine Erinnerung aber schweift hinüber in die Heimat. Dort gibt es noch einen Ort, wo man, als sei es hier, durch diese gelben gewundenen Schluchten gehen kann, Metz. An heißen Tagen bewahren sie auf der Höhe hinter der Kathedrale die Kühle des Morgens; manchmal öffnet sich ein Schlupfpförtchen in der hohen Wand, und während zwei alte Frauen in Schwarz heraustreten, erhascht man einen Blick auf ein weißes Haus im Hintergrund und die rauschenden Bäume davor.

Wie gut und tief es ist, alte Gärten in seiner Jugend rauschen zu hören – sie werden noch in den Ohren des alten Mannes rauschen.

Abschied

Eine Kutsche fährt über die Seine in den Boulevard de Strasbourg hinein. Auf dem Bock steht ein Koffer, im Wagen sitze ich und denke: wieder ein Abschied von Paris, wann werde ich wiederkommen – wie sehr werde ich dann verändert sein.

Der Wagen hält plötzlich an; als ich über die Schulter des Kutschers hinweg vorausblicke, sehe ich eine unerhörte, unendliche Reihe von Gefährten stillstehen, Straßenbahnen, Kutschen, Handkarren, Autos, Lastwagen – ihr Anfang ist ganz in der Ferne, wo die Bäume, die den Straßenzug auf beiden Seiten begleiten, zusammenlaufen, beim großen Boulevard oder gar beim Ostbahnhof, ihr Ende ist hinter mir, jenseits des Wassers, in einem andern Viertel, in einer andern Stadt, Montparnasse genannt.

Herrliches Schauspiel der in ihrer Bewegung erstarrten Großstadt: da, in diesem Augenblick, flammen auf dieser ganzen Strecke die Bogenlampen auf. Magisches, eisenblaues, kaltes Fieber aufgereihter Monde.

Minuten vergehen und werden zu Viertelstunden: dort unten der Bahnhof, Herzkammer, in die der schwarze Strom stürzt, aus der er wieder ausgespien wird, ist seines Pulsschlages beraubt.

Wie gewaltig ist diese Stadt, wie nichtig ist es, in ihr acht Wochen gewesen zu sein und etwas von ihr notiert zu haben. Was habe ich gesehn? Nichts, nicht in ihren Salons bin ich gewesen, nicht in ihrer Gesellschaft – wie arm ist das, nur als Gast zu weilen. Neid ergreift mich gegen die, denen es erlaubt ist, sie legitim zu erobern. Balzac fällt mir ein, der sie in einem Feldzug des Geistes unterworfen und besessen hat. Dazu muß man Franzose sein, Franzose werden wollen. Nach Balzac kam Zola – heute ist wieder ein Menschenalter vergangen, wieder liegt sie da und wartet auf den, der sie beschreiben wird.

Wenn ich nicht Deutscher wäre, wenn ich Franzose wäre, kennte ich mein Ziel. Einen Augenblick steigt der vermessene Gedanke auf: wäre es überhaupt möglich, so umzulernen, daß man einholen könnte, was man nie erlebt hat, Aufwuchs, Erziehung, Gemeinschaft mit einem fremden Volk? Ich muß lächeln. Nein, es ist nicht möglich. Dieser Wunsch einer verlorenen Sekunde ist nur die Huldigung, die man der Größe, dem Reichtum, der Unerschöpflichkeit des Lebens darbringt.

Man liebt dieses Frankreich und ist doch so anders. Man trägt Welten in sich, von denen es nichts weiß, die Welt über dem Rhein und die über Elbe und Weichsel. Denn, wenn die langersehnte Zeit kommt und ich wie heute hier durch eine der Städte des Ostens, der slawischen Welt fahre, wird es so sein wie hier, dieselbe Sehnsucht. Ewiges Weltbürgertum, ewige Deutschheit.

Nicht ohne Grund, ich erkenne es in diesem Warten, hatte ich mich ins Quartier gesetzt, als ob ich noch immer nur ein Student wäre, nicht ohne Grund die Salons, die Familien, die Kammer, die politischen Kreise gemieden. Das waren französische Angelegenheiten, und wenn ich auch an hundert Anzeichen sah und gleichsam aus der Luft, die ich atmete, entnahm, daß eine neue Welle nationaler Erregung durch dieses Land drang – eben darum ging ich ihr aus dem Wege. Mit keiner Dame bin ich zusammengekommen, nur mit Tänzerinnen und Mädchen der Straße. Und es war gut so, denn ich fühle, daß eine böse und scharfe Kritik in mir auf der Lauer lag, eine Abneigung, dem alten Zauber der französischen Gesellschaft zu erliegen, dieser großbürgerlichen, durch Eleganz und Geist gemilderten Tradition, die sich erschöpft hat und nicht sterben kann, die sich weiter fristen wird, bis irgendein großes Geschehen, das niemand berechnen kann, sie über Nacht so alt erscheinen lassen wird, wie sie ist.

Irgendwie wird dann das Volk ins Licht steigen, eine neue Menschlichkeit, die sich vorbereitet – manchmal glaubte ich sie atmen zu hören, manchmal hatte ich Verlangen nach ihr. Frankreich wandelt sich, es ist inbrünstiger geworden.

Ein Ruck, das Pferd zieht an, der Wagen rollt. Ich hebe mich wieder in die Höhe und schaue dem Kutscher über die Schulter hinweg. Straßenbahnen, Autos, Wagen, alles drängt voran; das große Herz dort unten, Zentrale aus Eisen und Kohle, schlägt wieder und pumpt den schwarzen Strom in sich hinein.

Es kommt der Augenblick, wo auch ich in der Kammer verschwinde. Sie ist eine hohe Halle, Dampf stößt an das Glasdach. Der Zug zieht an, deutsche Wagen sind mit Deutschen gefüllt. Nicht die Grenze ist der Abschied, hier ist er, hier beginnt ein neues Land. À Berlin, ruft jemand – es ist nicht der ekstatische Ruf kriegerischer Tage, aber er ist nicht weniger gleichnishaft. Was fremd ist, lockt, was fern ist, wird jung.

Ich sehe im Geist die rauchenden und pochenden Gefilde des arbeitenden Deutschlands, die wohlgeordnete Hölle aus Förderwagen und Hochöfen, und sie vermischt sich mit dem, was ich als Erinnerung mitnehme, dem Locken neuartiger Tänze, die aus dem lateinischen Amerika kamen. Es ist, als seien sie das Wesentliche meines Aufenthaltes geworden, und ich ahne nicht, daß sie mir folgen und Berlin einen Winter des Taumels bringen werden, in dem es nicht mehr eine preußische Stadt, sondern eine Weltstadt der hingerissenen Erregung sein wird.

Halbfertiges Leben

Der Arzt gibt ein Gutachten ab, wenn jemand gestorben ist, das ist sein Beruf. Aber der Literat sei kein Leichenbeschauer und der Nekrolog keine Pflicht, sondern eine Gedenkseite. Hier ist sie, eher ein Tagebuchblatt als eine «Würdigung». Sie ist *Ernst Stadler* gewidmet.

Ende Juli war eine Zeit, von der man im biblischen Stil schreiben könnte: und es begab sich, daß ein jeder, wo er auch weilte, eilends nach seinem Heimatsort reiste, denn die Völker drohten einander mit Krieg zu überziehen.

Ich kam gerade in Innsbruck an, mit einem Fahrschein Triest-Konstantinopel in der Tasche, und mein Gepäck lag schon in dem adriatischen Hafen. Aber statt über den Brenner, fuhr ich nun durch Vorarlberg, die Schweiz, das Elsaß hinauf bis Straßburg, der alten Wasserstadt.

Nachdem ich meine Angelegenheiten geordnet hatte, begann ich in der aufgeregten Stadt, diesem gestörten Ameisenhaufen im Festungsgürtel, herumzugehen und, wie man tut, wenn man wieder zu Hause ist, die Freunde aufzusuchen.

Der eine wohnte am Münsterplatz, sein Fenster ging auf die Rose über dem Portal, und ich traf ihn dabei, wie er seine Kubisten in Kisten packte und mit Konserven für ein halbes Jahr in die gewölbten Keller schaffte. Dieser hatte eine fixe Idee und glaubte felsenfest an eine Belagerung. Ein zweiter wohnte am Wall und war Zeuge, wie auf dem Hof der Kasematten Berge von Hosen und Jacken anprobiert wurden; der dritte hauste in Kehl, und schon standen auf der Rheinbrücke Sachsen oder Pommern, die Männer und Frauen behutsam nach Bomben abtasteten. Aber wo wohnte Ernst Stadler?

Im Frühjahr noch hatte ich ihn von Holland aus in Brüssel besuchen wollen, wo er deutscher Lektor an der Freien Universität war, im Herbst sollte er eine Professur für Germanistik in Toronto antreten, das italienisch klingt, aber in Kanada liegt – inzwischen hielt er noch einmal Vorlesungen in Straßburg, um in den Listen als Privatdozent weitergeführt zu werden.

Endlich fand ich an einer Zufallswohnung die Karte mit den drei so gelehrten und ernsten Titeln, über die seine Freunde immer lachen mußten, wenn sie an den Menschen dachten, der sie hatte drucken lassen. Er fertigte gerade einen Studenten ab, der unter Verbeugungen seine Bescheinigung in Empfang nahm und nicht viel jünger als der Lehrer war, dann sagten wir uns guten Tag. Der dreißigjährige Professor war zu seinem Glück kurzsichtig, so daß er a la Franz Blei eine große Hornbrille trug, die ihm etwas Würde gab. Im Privatkreise setzte er ein Monokel auf, durch das sein bartloses Gesicht eine merkwürdige Ähnlichkeit mit Chamberlain erhielt, dem britischen Imperialisten, nicht dem Houston Stewart.

Überall lagen Bücher und Zeitschriften wie bei anderen Universitätsleuten, aber ein Blick darauf war lehrreich. Da war die Reihenfolge der Cahiers de la Quinzaine seines Lieblings Péguy, der nun auch, auf der andern Seite, ein Opfer des Krieges geworden ist; die schöne weiße Nouvelle Revue française, Werke von Jammes (den er übersetzte), Rolland, Ch. L. Philippe; von deutscher Schickele und Sternheim, für die er sich einsetzte, die Aktion, das Neue Pathos und alles Jüngste, alles was ganz modern und gar nicht akademisch war; lieber literaturhaft als professorenhaft, dachte dieser Professor, und er dachte es ohne den Snobismus gewisser Germanisten, die nur darum übermodern sind, weil sie den Kollegen den Wind abfangen wollen. Dann wieder englische Bücher und der Umbruch einer englischen Arbeit, die er für Oxford schreiben mußte, denn er war Cecil-Rhodes-Stipendiat gewesen und hatte das vorgeschriebene Collegeleben junger vornehmer Gentlemen mitgemacht.

Wenn man das alles zusammennimmt, was war es? Ein *Elsässer*, ein wahrer Deutscher, der neben seiner eigenen Kultur noch die eines anderen, hier sogar zweier anderer Völker brauchte. Der Ansatz einer großen Universalität, der Beginn eines großen Überblicks und einer fruchtbaren Verschmelzung, die Verheißung einer bewußten Geistigkeit und einer Vermittlung, die nicht da hinten in Kanada versteckt geblieben wäre, sondern ihren Weg nach Berlin gefunden hätte, unter vielen Hindernissen vielleicht, denn trotz der Wertschätzung seines Lehrers Erich Schmidt und gewisser historischer Textrevisionen war es gefährlich, so modern zu sein – aber dieser junge Dozent schrieb einen zu klaren Stil, um nicht durchzudringen.

Er wäre etwas geworden, was wir nicht, aber auch gar nicht haben, ein moderner Literaturhistoriker, ein Kritiker. Wohlverstanden nicht einer, der von vornherein die Produktion den andern überläßt und seine Aufgabe für so souverän hält wie die ihre (und das ist berechtigt, obwohl uns dieser Typus fehlt), sondern ein Mensch, der kritisch arbeitet, um Geröll hinwegzuräumen, einen Standpunkt zu finden, für sich und die Nation Klarheit zu schaffen – ein

Kritiker aus produktiver Lebhaftigkeit, der nicht mehr an die Tradition der deutschen Akademien glaubt und deswegen so extreme Lektüre pflegt.

Ungeachtet des Monokels nichts Salonhaftes, eher ein schwerer als ein leichtfüßiger Mensch, aber eben darum mit der ganzen deutschen Liebe für die durchsichtige Periode, den hellen Geist und die tapfere und steile Lebenslinie, wiederum: ein Elsässer, der nicht für die Lüge des elsässischen Pufferstaates eintrat, sondern sich für die wahrere Mission des ausgewählten Importes und des Verständnisses, des vergleichenden und sich ausgleichenden Europäertums zu entscheiden begann.

Er stand nicht mehr im Zentrum der deutschen Auffassung, sondern an ihrer Peripherie, da wo Abstand und Kritik möglich werden und zugleich die Brücken zum Fremden geschlagen werden. Eines hohen Beamten Sohn, dem die Laufbahn geebnet worden wäre und der auch, gut erzogen, die notwendigen Zugeständnisse machte und dabei doch im Innern selbständig wurde, unter Kämpfen, nicht den revolutionären, denn er war nicht von diesem Temperament, wohl aber mit der Zähigkeit dessen, der sich auferlegt hat, der Wahrheit die Ehre zu geben. Die Zukunft hätte noch manche Loslösung von ihm verlangt; er hätte sie immer mit Anstand und Folgerichtigkeit vollzogen.

Wenn er totgeschossen werde, sei es seine Schuld, meinte er. Er hatte nämlich in Brüssel den schriftlichen Teil des Dolmetscherexamens gemacht und sollte den mündlichen in Straßburg erledigen. Aber sei es aus Zerstreutheit, sei es weil er in einer neuen produktiven Stimmung war und Gedichte schrieb: er versäumte den Termin, und als er sich endlich aufraffte, war es acht Tage zu spät. Er war nicht feige und ging ernst in den Krieg, aber wir, die anderen, hätten gewünscht, daß er in eine Stellung gekommen wäre, die weniger gefährlich ist und in der doch viele seinesgleichen ihre volle Pflicht tun. Er war nicht praktisch, nicht egoistisch genug, und solche Naturen müssen dann die tragische Buße zahlen.

Die letzten Tage des Juli kamen: Freitag, der 31. Juli, kam, an dem die Kriegsgefahr erklärt wurde. Straßburg war an diesem Abend historisch, es siedete, die Vorstädte hatten sich ins Zentrum entleert, die alten Gassen waren überfüllt, Patrouillen brachen Bahnen, die sich gleich wieder schlossen, der Asphalt kochte noch von der Glut des Tages, die ersten Scheinwerfer drehten wie Windmühlenflügel ihre Strahlen über den gestirnten Himmel, in den Cafés sang man dieselbe Wacht am Rhein, zu der die Wälle entlang die Regimenter marschierten, für Mitternacht war eine Probekanonade auf Feste Mutzig angesagt, man solle nicht erschrecken, und es gab noch viele, die sich der Schicksalswochen vom August 1870 erinnern konnten.

Im Café saßen wir enggedrängt, er, sein Bruder, der einen Kreis in einem halbfranzösischen Bezirk verwaltete, ein paar andere. Alle waren sie Reserveoffiziere, alle studierten sie ihre Beorderung. Die meisten machten ihrer nervösen Spannung, diesem Warten auf die letzte entscheidende Nachricht, dadurch Luft, daß sie Worte aufgriffen, mit einem Witz beantworteten, die Vorstellungen drehten und jonglieren ließen. Stadler widersprach, er nannte diesen Ton falsch und sein Ernst war selber nur Nervosität. Das Caféhaus sang wieder, die Kapelle mußte ein patriotisches

Lied nach dem anderen spielen. Dieser Enthusiasmus derer, die zurückblieben, wurde unerträglich, und wir brachen auf.

Auf dem Kleberplatz stand eine Mauer von Menschen vor der Wache und wartete, bis es neun vom Münster schlug und mit schicksalsschweren Tönen der Zapfenstreich geblasen wurde. Am Eisernen Mann vorüber, dem zierlich gewordenen Symbol mittelalterlichen Trotzes, das nun nur noch winzig als Aushängeschild über einer Apotheke thront, bogen wir auf den alten Weinmarkt ein. Da lag Valentin, ein kleines, weißes, feines Restaurant, weit über Straßburg hinaus allen Feinschmeckern bekannt, eine heitere Perle französischer Gastkunst, ein Stück Paris der diskreten, feinen Art.

Warum nicht hier eintreten? Hier war es hell, hier waren nicht viele Menschen, ein paar leuchtende Uniformen, ein paar Abendanzüge und auch hier eine historische Stimmung, eine melancholische Frage an den Lebensgenuß: wer weiß, wann du wieder aufwachen wirst und ob wir dann noch dabei sein werden. In einer Ecke saßen die paar Mitglieder der jeunesse dorée Straßburgs, wahre Hähne im großen Provinzkorb, und tafelten. Es war nichts Verletzendes darin, es trat die Wohltat der guten Form dazu. Zum letztenmal waltete der Kellner seines beratenden und vertraulich respektvollen Amtes – morgen würde er einrükken. Dunkler Burgunder auf weißem Tuche, gewählte Speisen aus silberner Schüssel.

Ein Herr aus dem Ministerium trat unter die Tür, eine leise Nachricht: es ist so gut wie sicher. Welche Wohltat! Und sofort erwachte, was anständige Menschen in solcher Lage tun müssen, Haltung und auf der Grundlage des tiefen Ernstes eine letzte leise Heiterkeit der Seele. Man sprach, man ließ vorbeiziehen, was man gewollt und geschätzt hatte. Ein glückbringender Sieg, auf Wiedersehn, auf Wiedersehn!

Am nächsten Morgen begleitete ich ihn durch die Geschäfte; er hatte eine große Liste in der Hand, auf der alles stand, was ein Offizier braucht. Aber selbst gegen gutes Geld war kein Revolver und keine Taschenlampe mehr zu haben. Zur Tischzeit erhielt er ein Telegramm, er fuhr sofort zu seinem Truppenteil nach Kolmar und ich glaube, am Abend marschierte er schon nach der Schlucht. Dann einige Nachrichten von ihm, Zigarettensendungen, die ihn nie erreichten, eine Zeitungsnotiz, daß er das Eiserne Kreuz erhalten habe, dann eine andere, daß er gefallen sei und am gleichen Tag eine Karte seines Hauptmanns.

Nichts bleibt als ein Gedichtband. Und das ist das, was bleiben wird. Man lese den «Aufbruch», er ist im Verlag der Weißen Bücher erschienen, und man wird begreifen, daß hier eine Hoffnung gegeben wurde, die wenigstens das eine Glück hatte, daß sie ihr erstes Denkmal noch selbst setzen durfte.

(...)

Abschied vom Elsaß

Im zweiten Jahr des Kriegs fuhr ich nach Straßburg und verwirklichte einen Plan, den ich seit Jahren gehegt, aber nie ausgeführt hatte, weil man das Nahliegende gern verschiebt und glaubt, es habe noch immer Zeit – den Plan, die lothringische Stadt an der pfälzischen Grenze aufzusuchen, in der ich meine erste Lebensspanne, bis zum sechsten Jahr, zugebracht habe.

Leise sprach schon die Befürchtung mit, daß es nach dem Krieg zu spät sein könne und die Heimat mir wenigstens nicht mehr Heimat wäre; treibender war ein neuer Zustand meines seelischen Lebens, das zunehmende Gefühl für die Traumhaftigkeit dessen, was wir Realität nennen.

Wir *nennen* sie Realität, weil wir sie als den Ort empfinden, an den wir gestellt sind und wo uns alle Aufgaben des tätigen Handelns erwarten – etwas benennen heißt noch nicht, es erklären. Diese Stimmung war philosophischer Art und verdichtete sich später zu einigen allgemeinen Ideen über Existenz und Mensch, derart, daß die Stimmung, das Persönliche und auf mich Angewandte sich nur als die Verpuppungshülle erwies, aus der stieg: der Gedanke; doch damals war ich erst im Stadium der Verpuppung und glaubte lediglich *mein* Verhältnis zu meiner Wirklichkeit zu erleben, ähnlich wie wir zunächst nicht das Problem der Ehe, sondern das der Ehe mit einer bestimmten Frau erleben, als Einzelfall, dessen Gesetzmäßigkeit wir noch nicht erkennen.

Mein Einzelfall war folgender: ich war von einem tiefen Staunen ergriffen über das Phänomen einer Existenz, meiner eigenen, die, wie eine Pflanze aus einem Erdreich, aus bestimmten Verhältnissen herausgewachsen war, aus Eltern, Jugend, Milieu, Geldumständen, Zufälligkeiten und einem Letzten, weniger Sekundären, das wohl die jedem Geschöpf innewohnende Aktivität, Energie, Entfaltung sein mußte. Warum war ich so geworden und nicht anders? Rückblickend erkannte ich mehrere Kreuzwege, an denen eine bessere Einsicht einen andern Entschluß und damit einen anderen Weg bedingt haben würde; aber immer fühlte ich auch, daß, wenn wieder ein Kreuzweg kam, die Einsicht, die nur dem Rückblick möglich ist, ohnmächtig war und etwas ganz anderes den Ausschlag gab, Instinkt und Naturell.

Unter den Händen schwand die Klarheit, und erweitend durfte ich sagen: auch die andern sind nicht klarer, ebenso vegetativ, ebenso ausgesetzt dem Irrtum, daß sie sich in der Sphäre des Bewußten zu bewegen glauben, während dieses Bewußtsein nur die Wolke ist, die über dem rotierenden Kosmos Mensch und seinen unbegriffenen Gesetzen schwebt, aus seinen Dünsten erzeugt, nur ein Dunst aus ihm. Die ganze Realität, in der es Häuser, Städte, Staaten, scheinbar positive Dinge, gab, war nur eine Summe solcher Wolken, denn jeder neben mir kam aus jenem Vegetativen her; die ganze Sphäre von Bewußtsein, in der sich alle zusammendrängten, um zu arbeiten und rechthaberisch zu sein, war nur der Traum eines tief schlafenden und in diesem Schlaf heimlich wachsenden größeren Kosmos.

Um hinter seine Gesetze, die Rotationsvorgänge in ihm, zu kommen, suchte ich stillzustehn und mich dem Hineinschreiten in die Zeit zu entziehn – ich suchte mich rückwärts zu wenden und zum Anfang zurückzukehren, meiner ersten Jugend. Sie führte in das lothringische Städtchen, darum wünschte ich es aufzusuchen.

Rückkehr in es war wie Rückkehr in den Schoß, aus dem man gekommen war – konnte man in den Schoß der Vorgeburt zurückkehren? Damals fand ich aus mir selbst einen Gedanken, dem ich dann in Büchern der Psychoanalytiker begegnet bin, daß es vielleicht Träume gebe, die, in landschaftliche Visionen von seltsamer Raummetaphysik verwandelt, nichts als die Erinnerung an den Schoß der Mutter sind, unfaßbare, inzesthafte, namenlos tiefe Träume, die tiefsten, die wir haben.

Einen Ort, an dem man gelebt hat, dem Mutterschoß gleich setzen, war nur ein Gleichnis; aber seltsam hob sich, während ich nun von Straßburg in das Städtchen fuhr, der Unterschied auf, und Gleichnis ward Parallele. Was uns birgt, ist Schoß, und ich könnte jene traumhafte Stimmung, von der ich zuerst sprach, auch so ausdrücken, daß mir der benannte Begriff Erde, darin die benannten Geschöpfe, nichts sagte, sondern diese Dinge alle als Partikelchen innerhalb eines Riesenleibs erschienen: seine einzelnen Atome sind so sehr voneinander getrennt, daß sie Raum für Bergbahnen und Überlandzentralen von hunderttausend Volt Spannung bieten und die Einzelkörperchen sich als selbständig vorkommen, während sie doch in einer organischen Abhängigkeit, in einem wahren, wirklichen Stoffwechselaustausch stehn, wie die Atome meines Körpers untereinander.

Der Mutterschoß war so groß, daß ein Zug von der Stelle, an der das Atom Ich im Jahre 1915 weilte, nach der fuhr, an der es dreißig Jahre zuvor geweilt hatte, von der Niere fuhr gleichsam ein Zug zum Hirn. Ich stellte mir noch einmal alles vor, was ich von jener Stelle und jener Zeit wußte.

Auf einem Hügel vor der Stadt, weit draußen vor der Stadt, stand ein Haus. Weiße Mauern umzogen es, Bäume rauschten über der Mauer.

An der Mauer zog eine Straße vorbei, auf der man abwärts stieg, weit, tief, wenn die Mutter manchmal nach der Stadt ging, den Vater abzuholen. Weit, tief – also war der Hügel ein Berg, die Stadt eine Sohle, in die nicht der freie Wind der Höhe drang. Ich schwankte, denn deutlich stand wohl auf der einen Seite der Begriff Tiefe, aber auf der andern nicht der: Berg. Also lag wohl eine Übertreibung der kindlichen Phantasie vor, und ich war gefaßt, eine mäßig hohe Bodenerhebung hinaufschreiten zu müssen.

Vielleicht stand das Haus auf einer Hochebene. Vorstellung, die sich dem Tastenden formte, weil er sich eines Weihnachtsabends erinnerte, an dem der Vater zu früh kam und noch einen Spaziergang mit ihm machte, bis die Mutter den Baum gerichtet hatte. Vollkommne Halbkugel aus dunkelblauem Kristall wölbte sich der Himmel über ihnen, und die Sterne strahlten so groß und nah, daß sie näher als in der Stadt waren. So sind Christnächte auf Hochebenen.

Hinter dem Haus mußte ein Garten sein, hinter dem Garten Felder; sie hatten dem Vierjährigen erstes Erlebnis von räumlicher Unendlichkeit, Fortwandern vom Stützpunkt, Verlassenheit des Wanderers gegeben: an einem Mittag war ich der Mutter entwichen, nach dem Garten gegangen, in ein Rebenfeld geschritten. Seine Stecken mochten wie ein Wald gewesen sein, der Wald legte sich hinter das Haus, Zauberwald, in dem die Zeit versank, unendlich fern lag das Bekannte. Nun ein Stocken der Vorstellung wie in der Traumerinnerung, hier mußte wohl der Begriff der Zeit gewalttätig über das Kind gestürzt sein, und es war allein in summender Mittagsglut. Danach bestimmteres Bild: aufschauend nach der Sonne sah es Bläue, in die eine Lerche stieg.

Heftigkeit des Blaus und des jubelnden Lauts durchschlugen das Kind; sinnlichste Erregung, es schluchzte vor Sehnsucht auf, war namenlos erschüttert. Da erblickte es einen Baum, Einzelnen, Mächtigen, spendend den grünen Schatten auf dem Feld, biblisch heiligen und gütigen, denn ich hatte in der Geschichte von Ruth sein Bild gesehen. Und zu Füßen des Baums leuchtete es rot; volle, glänzend gespannte Früchte, Paradiesäpfel hatte die Mutter sie genannt. So lenkten Baum und Wort die Vorstellung auf das Paradies, und ich erinnerte mich, als sei es heute gewesen, daß das Kind in Schauer erstarrte, weil es glaubte, den Ort des Paradieses gefunden zu haben. Es strich mit zitternden Fingern über die straffe Haut der erwärmten Früchte, nah der Vision eines Erzengels mit gezackten Flügeln und dem Schwert; dann löste sich die Erregung in Müdigkeit, und es schlief ein, bis die geängstigte Mutter es weckte.

Diesen Baum und die Früchte darunter wollte ich wiedersehn; es zog einer aus, das Paradies seiner Kindheit zu suchen, er wenigstens hatte eine Stunde darin geweilt, unter der klirrenden Lerche.

Ich stieg aus und hatte keinen andern Anhaltspunkt als den Namen der Örtlichkeit, wo das Haus gelegen war, des Galgenbanns. Diesen hatte ich von meiner Mutter erfahren, als ich vorsichtig die Rede auf die längst vergangenen Jahre gebracht hatte; vom Ziel meiner Reise wußte sie nichts; Scheu, das Traumhafte zu besprechen, hatte mich abgehalten. Ich fragte einen Polizisten, wo der Galgenbann gelegen war, er hatte das Wort nie vernommen. Ich hielt einen alten Herrn, französisch-einheimischen Rentner im schwarzen Alpakkajakett an; er hatte das Wort nie vernommen. Danach ging ich aufs Einwohnermeldeamt, dieselbe Antwort. Ein Name, der sich aus Jahrhunderten des Mittelalters gerettet hatte, war in der neuen Zeit ruhmlos gestorben.

Eine einzige Möglichkeit blieb; ich wußte, daß der Vater auf der Kreisdirektion gearbeitet hatte. Ich glaubte zu fühlen, daß, wenn ich vor ihr stände, ein Trieb nach einer bestimmten Richtung sich einstellen werde. Alles in mir drängte dazu, vor dem Gebäude zu stehen und dann von unsichtbaren Händen durch einen schrägen Weg geleitet zu werden – nicht links, nicht rechts, nicht geradeaus, sondern in die Schräge. Es gelang. Die Kreisdirektion lag am Ende der Stadt, dahinter Busch und Wiesengründe, Felder und Hügelland, ein Halbkreis, über dem ich wie eine Magnetnadel war. Sie irrte zuerst hin und her, dann stand sie fest, wies, ich ging.

Was konnte seltsamer sein, als einen Weg zu schreiten, der Erinnerung war, ohne daß irgendeine Einzelheit die Erinnerung rechtfertigte? Nun begann ich zu steigen, aber da geschah es, daß ich, auf eine halbe Stunde Wegs vorbereitet, schon nach zehn Minuten ein letztes Haus erreichte, dahinter und daneben alles freies Feld. Es war eine Mauer darum, über der Mauer rauschte ein Baum, aber wie klein war die Mauer, wie schmal die Straße, die in der Vorstellung wie ein Völkerweg zur Stadt abwärts gestiegen war. Und als ich den Hof betrat, war ein Haus da, baufällig und armselig, Scheune und Stall dicht daneben, während alles in mir Bild einer großen Weite war.

Ich ging durch den Hof, durchschritt einen Obstgarten, es kam das Rebstück, dessen Stecken einmal wie ein Urwald gewesen waren, der sich zwischen ein Kind und das Bekannte gelegt hatte. Jeder Schritt durch ihn war für das Kind wie ein Jahrhundert gewesen: nun war ihre Summe eine arme Strecke von hundert Metern – dort stand der Baum, keine Paradiesäpfel unter ihm, aber ich wußte, das war der Baum.

Kreisrunder Schatten unter ihm, ich legte mich in ihn und hätte weinen mögen. Dieselbe Glut, dieselbe Mittagsstille aus hunderttausend Geräuschen. Dreißig Jahre waren ausgelöscht, Sekunde der Ewigkeit und Hälfte eines Lebens, meines Lebens. Womit hatte ich sie verbracht? Mit einem Traum, mit Realität, die in den Abgrund der Zeit stürzte. Wir gehn in die Zeit hinein und es scheint uns ein Vorwärts, aber die Zeit steht uns *gegenüber*, wie ein Schlund, dessen Wände länger und immer länger werden, der geöffnete Kiefer eines verschlingenden Tiers, Eingang in den Riesenleib, dessen Partikelchen wir sind und der so groß ist, daß Schauspiele des Himmels, Sonne, wehende Bäume und Wind in ihm sich ereignen.

In der Nacht über Tod und Vergänglichkeit philosophieren, ist nicht schwer – mir war von je Mittag die mystische Stunde, nicht des düstern Grauens, aber doch des Phantoms Existenz; ich hatte oft den großen Schrei Pans vernommen, den lautlosen der unsäglichen Angst vor dem Mittagsgespenst, der mit Licht überschütteten Welt.

Warum war ich eigentlich gekommen? Um den süßen Schmerz der Erkenntnis zu genießen? Um Befreiung zu finden und durch Berührung mit dem heimatlichen Boden das zu stärken, was mir zu entschwinden drohte, das Bewußtsein, irgendwohin zu gehören? Donner der Schlacht, der aus der Metzer Gegend kam, war wohl geeignet, über diese Heimat nachdenken zu lassen.

Sie war umstritten, sie würde vielleicht verloren gehn, was bedeutete der Verlust mir? War ich an sie gebunden, konnte ich ohne sie nicht leben? Ich kannte sie besser als irgendeiner, ich hatte sie durchstreift, ihre Landschaft in Büchern beschrieben, ich dankte ihr das Beste in mir, einen Willen zu Heiterkeit und Wärme und eine Fähigkeit, differenziert zu denken und gerecht zu sein, denn ihre Bewohner und ihre Atmosphäre waren zusammengesetzt. Ich war für das Recht dieser Menschen, zusammengesetzt zu sein, eingetreten, und es waren erst ein paar Jahre her, daß ich geglaubt hatte, meine Aufgabe werde sein, den Deutschen das Elsaß verständlich zu machen und vom Elsaß aus Einwirkungen auf Starrheiten des deutschen Geistes zu versuchen, Westen und Mitte Europas miteinander zu versöhnen.

Glaubte ich noch an diese Aufgabe, ihre Möglichkeit? Nein, nicht mehr. Aufenthalt in Berlin und Paris hatten mir gezeigt, daß die Richtung, die Völker einschlagen, stärker ist als ihr guter Wille, daß Systeme der Weltbetrachtung Geleise sind, die man mit keiner Weiche umstellen kann, und als ich von diesen Reisen erstmalig zurückgekehrt war, war mir auch erstmalig die geistige Armut der Elsässer selbst klar geworden. Was war die Periode seit 1870? Die matteste in der Geschichte eines Volks, das nie eigentlich ein Volk gewesen, immer verurteilt war, von den zwei Nachbarn beherrscht zu werden. Das Bürgertum das Geld liebend, geistig das verblaßte Salonideal des achtzehnten und neunzehnten Jahrhunderts pflegend; der Bauer zufrieden, wenn der Eroberer, ob welsch oder deutsch, ihn die Scholle bestellen ließ; das Kleinbürgertum opportunistisch, nicht sehr aufrecht, materiell und geschmeidig; sie alle ohne moralische Kraft und ohne Tradition einer selbständigen Geschichte. Was war die Synthese des Geistes des Metzer Doms, in dessen gelben Schatten ich geboren war, mit dem des Unterlindenklosters zu Colmar, in dessen Nonnengängen ich aufgewachsen war? Eine Konstruktion, ein Ausweg eines, der in Deutschland nicht ganz zu Haus, in Paris nur zu Gast war, im Elsaß, seinen vertrautesten Städtchen und Bauernhöfen nicht die letzte Gemeinschaft fand, die drüben im Schwarzwald und in Schwaben meinesgleichen, die alemannischen Dichter, ganz besaßen.

Und als ich diesmal nach dem Elsaß kam, im Krieg, sah ich mit Entsetzen, wie rettungslos verdorben, tragisch zerstampft die Situation war: es schwiegen die Münder vor der Drohung der militärischen Herren, die Herzen hofften, doch ohne Mut; die beiden Elemente, von deren Verschmelzung ich geträumt hatte, Einwanderer und Autochthonen, schroff getrennt – unmöglich, daß der Elsässer zu den Quellen fand, die in ihm verschüttet waren und die nur in den falschen Büchern von Oberlehrern künstlich sprangen, den Quellen jener vergangenen Jahrhunderte, in denen in der

Tat Elsässer die Züge deutscher Charakterköpfe getragen hatten.

An diesem Mittag nahm ich Abschied vom Land. Was blieb, wenn man sich retten wollte? Nicht Frankreich, nicht Deutschland, nur das Dritte, das übergeordnete geistige Reich, dem selbst der letzte Rest von Bodenständigkeit versagt war. In meiner Tasche steckte ein Bändchen von Hesse, eines von Emil Strauß, beide Alemannen gleich mir. Ich hatte gegen sie polemisiert, als mir noch unklar war, daß ich nur deshalb nicht Elsässer bleiben wollte, weil ich es nicht konnte, aber ich liebte sie, und jetzt gestand ich mir den Neid darauf, daß ihnen erlaubt war, in ihren Städtchen mit den Brunnen in der Sommernacht Zuflucht zu finden. Man wird nicht Europäer aus Wahl, man wird es aus Not.

Wie die Örtlichkeit meiner Jugend einschrumpfte, so die ganze Heimat nun. Ich stand auf, und als ich nach Straßburg zurückkehrte, wußte ich: mit oder ohne äußeres Symbol, es ist das Ende. Noch einmal war, im dämmernden Morgen, als der Wind über die Ill strich und die Vögel auf dem Broglie zu lärmen begannen, Straßburg ergreifend schön; dolomitenhaft erglühte die Spitze des Münsters.

Dann fuhr ich fort, an den Platz, an den mich der Krieg gestellt hatte, überzeugt, daß ich nun außerhalb des Schicksals dieser Stadt stand, das ich deutlicher ahnte. Ihre Menschen, die des ganzen Lands, interessierten mich nicht mehr, in dem Sinn nicht mehr, daß meine Bücher ein Abbild ihrer Zustände sein würden. Zunächst versuchte ich einen Ausweg, indem ich dem Begriff des größern Alemanniens mich zuwandte. Er wurde zu dem des großen Süddeutschlands, die Schweiz kam hinzu, aber ich werde seiner nicht froh, der Aufbau des Bürgertums ist erschüttert, die Zeit will Neues. Noch weht ein Hauch vertrauter Wärme aus alemannischer Landschaft, aber es ist wie eine persönliche Angelegenheit, Erinnerung, Jugendhauch, nicht Selbstzweck, nicht Erlösung, nicht Ruhe, mir nicht.

Ich sehe den Zusammenhang sehr klar. Ich wuchs in den Städten auf, wurzelte nicht im Land, in der Bauernscholle. Darum wurde ich nicht in die Sphäre Hebels, Gotthelfs, Hansjakobs, Kellers gedrängt, sondern in die geistige, allgemeine, weitere; darum konnte ich mich schon zu einer Zeit vom Elsaß zu lösen beginnen, als noch kaum einer mit dem Verlust dieses Landes rechnete; darum traf mich dieser Verlust nicht tödlich, derart, daß er mich seelisch entwurzelt hätte, darum war es möglich, daß auch ohne den Krieg die Hingabe an Landschaft und bodenständige Menschen nur eine schöne, starke Episode, aber doch eben nur eine Episode, eine Station des Wanderns, war; darum ist mir heute Landschaft, Gegenständlichkeit von Zuständen und Menschen, Haus, Dorf, Städtchen eine Zugabe, die mir persönlich Freude macht, aber nicht mehr den Wunsch erzeugt, sie zu schildern, sondern es tut mir wohl, über sie zu schweigen; sie bedrängen und quälen mich nicht, sie sind ein vertrautes Mobiliar, in dem man wohnt, ohne sich Rechenschaft über sie zu geben. Abtrünniger? Nein, auch nicht Fremdgewordener, nur nicht Verkünder dieser Welt. Es gibt so viele Möglichkeiten, Auswege genug.

Welthymne

Man soll nie behaupten, was wahrscheinlich ist. Nicht einmal, daß «Deutschland, Deutschland über alles» nur in Deutschland und Österreich gesungen wird.

Neulich stellte ein Musikkenner öffentlich folgendes fest: «Tatsache ist, daß diese deutsch-österreichische Nationalhymne heute, mitten im Krieg, nicht nur von deutschen, welschen und italienischen Schweizern, sondern auch von Franzosen, Italienern und Engländern gesungen wird.»

Natürlich nicht auf den Text, sondern auf die Melodie; teils als Choral, teils als Vaterlandslied eroberte sie im Verlauf eines Jahrhunderts die Länder.

In den Schulen von Genf, Waadtland und Neuenburg singt man: Nous t'aimons, noble patrie, notre monde est dans ton sein.

In italienischen Männerchören: Cara patria, questo core, a te giura eterna fè.

In englischen Kirchen: Glorious things of the are spoken, Zion, City of our God.

Das ist Komik, und sie ist tröstlich.

Eines Tags wird der Bund der Völker kommen, und dann legt man vielleicht dem Text der neuen Internationale das Haydnsche Lied unter. Oder die Texte bleiben verschieden, da ja in alle Ewigkeit die Sprachen verschieden sein werden, aber die Melodie aller Nationalhymnen wäre dieselbe, Symbol der Tatsache, daß das Vaterlandsgefühl überall verschieden, aber – gleich ist.

Dieser Ausweg wäre nicht mehr als geistreich, er wäre tiefsinnig. Deutscher, Serbe, Schwede, Türke, alle eines

Bunds. Ein Tag wird dann das werden, was der erste Mai noch nicht ist, Weltfeiertag, Weltnationaltag, und in einer gemeinsamen Bundeshauptstadt werden die Abordnungen aufstehn und das Lied singen, das wahrhaft katholisch, alle umfassend ist. Wann steigt es empor? Ich fürchte, es hat noch nicht Aussicht, demnächst beim ersten Kongreß in Genf gesungen zu werden.

Setzen wir auf das Ideal eine Anekdote, die im Elsaß erzählt wird. Als der Krieg ausbrach, bestieg einer jener Pfarrer, die man die streitbaren nennt, die Kanzel und sagte: «Frihjer hets immer ghaiße: Ditschland, Ditschland iwer alles – jetzt haißts: alles iwer Ditschland.» Sprachs, nahm das gepackte Köfferchen und ging wie sein Standesgenosse Wetterle über die Grenze.

Die große Idee

Europa? Sie erlauben, daß ich das Fragezeichen an den Anfang setze. Ein paar Zukunftsromane, die ich jüngst las, hatten das gemeinsam, daß die geeinte Welt von Punkten aus gelenkt wurde, die uns heute noch recht exzentrisch zu liegen scheinen, z. B. Kapstadt. Aber das Gefühl ist doch sehr verbreitet, daß die Europäer nicht mehr die Weite des Blickes noch die Bereitschaft des Herzens aufbringen, um die große Idee zu erfassen.

Statt an jene einzige Entwickelung zu glauben, die des Glaubens wert ist, die Menschwerdung der Bestie, sagen sie zynisch: wir sind uns genug wie wir sind, und meinen noch eine tiefe Philosophie zu machen, wenn sie, wie von einem Seil gezogen, rückwärts in das Überwundene zurückstürzen, alle mit dem sardonischen Zähnefletschen, das von je als Symptom des herannahenden Todes galt.

Ungeheuer sind die Unterschiede zwischen Deutschen und Franzosen, um nur zwei europäische Völker zu nennen – so ungeheuer, daß die deutschen Variationen auf das Thema Untergang Europas zunächst immer an Wert verlieren, weil sie den Wunsch, daß das deutsche Unglück auch das französische besiegeln möge, naiv in Form einer Prognose kleiden.

Und doch, und doch, es genügt nicht, daß man in Paris diese Nachkriegsphilosophie der Deutschen als Bluff ersonnen in den Büros der deutschen Propaganda bespöttelt, es steckt mehr dahinter: ein Instinkt für die Gemeinschaft Europas.

Verstehen wir uns; was bedeutet denn dieses Wort vom

Untergang Europas? Jedenfalls nicht, wie man in den deutschen Zeitungsaufsätzen annimmt, daß die übrigen Länder des Erdteils dasselbe Bild der Zerstörung bieten werden wie Deutschland. Wenn das Deutsche Reich sich auflöst, ist damit noch nicht gesagt, daß Frankreich in seine Teile zerfalle; wenn die deutschen Klassen einander austilgen, braucht deshalb noch nicht in England die proletarische Diktatur zu kommen. Frankreich und England sind stabilere Gebilde als Deutschland, das nationale Denken ist dort viel zentralisierter als bei uns.

Stellen wir uns einmal ohne Übertreibung die wahrscheinliche Zukunft Europas vor, wenn das Deutsche Reich sich aufgelöst hat (es wird selbst Hand an sich legen, der Haß des agrarischen Südens gegen den industriellen Norden wird das aktive Element sein). Dann werden die Rumpfländer, die nördlich, westlich und südlich der deutschen Grenze liegen, die Ränder eines Kraters bilden, dem im Osten erst Rußland einen Abschluß setzt. Im Krater selbst wird es nicht immer flammen und brodeln, aber jeden Augenblick das Schlimmste möglich sein. Nehmen wir mild das Günstigste an, der Krater sei, nachdem er Blut gespien, ein Ameisenhaufen zusammengepreßter, einander überkriechender Menschheit, über dem eine doppelte Peitsche schwingt: der zwangsverwaltenden Herrenvölker und der Fronarbeit um den täglichen Unterhalt.

Man sieht, ich brauche die Mongolen nicht, die sich auf Europa stürzen, und nicht einmal die Russen, mir genügt, daß Mitteleuropa Masse geworden ist, erstens ausgebeutete Masse, zweitens formlose Masse ohne die höhere Idee des Nationalstaates, drittens geistig dumpfe Masse. Der

Untergang Europas, das ist für mich schon das Sinken des Niveaus, das Erlöschen der Instinkte für Höherzüchtung, der Verzicht auf die geistigen und seelischen Forderungen, die unsere Väter an den innerlich freien Menschen stellten.

Man bedenke, welche Höhe des Zieles, welcher Reichtum der moralischen und intellektuellen Selbsterziehung noch zu Zeiten Humboldts in dem Wort «Der Gebildete» eingeschlossen war. Es bedarf für den, der in die Zukunft denkt, nicht der apokalyptischen Schrecken, Schrecken genug ist der träge Rückfall der Europäer auf das Niveau der Trivialität: Essen, Trinken, Abendausspannung, common sense, gesunder Verstand, das ganze System des Erreichbaren und Benennbaren.

Manchem mag es scheinen, als seien wir schon längst, nicht erst durch den Krieg und seit dem Krieg, in diese Sphäre hineingeschritten. Ganz recht, aber heute sind wir bereits mitten in ihr darin, und zwar, was das Unheimliche ist, nicht nur durch eigene Schuld, oder, um religiös zu reden, durch Vergessen des Göttlichen, sondern so, als vollzöge sich das alles nach ehernen Gesetzen, wie ein astronomisches Ereignis des Weltalls; so, als sei ein Gott über uns gekommen, der ein Dämon ist, ein Dämon im Ring der Sternbilder, durch die die Menschheit im Lauf ihrer Geschichte wandert. Einige fühlen dieses Unheimliche, und bereiten sich auf die Zeit des tiefsten Niveaus vor, wie etwa die Priester im Tempel Jerusalems sich auf den Tag vorbereiteten, an dem Stadt und Reich zerstört wurden.

Wahrscheinlich, daß in Frankreich diejenigen, die auf den sogenannten lateinischen Gedanken vertrauen, sich und ihr Volk für stark genug halten werden, um von diesem deutsch-südöstlichen Schicksal nichts für ihr Land zu fürchten. Aber da beginnt der Fehler und ist nachweisbar. Da beginnt die europäische Gemeinbürgschaft. Indem ich anschaulichkeitshalber alles Höhere, Menschlichere oder Göttlichere *Das Gute* nenne, darf ich formulieren: man gelangt nicht zum Guten, wenn man den Nachbar und Bruder verachtet und mißhandelt.

Wiederum, es gibt nur eine Entwickelung, die von der Masse zu jenem Individualismus führt, der die hohe Macht der Idee, der fernen und reinen Ziele spürt und ihnen entgegendrängt. Das Gute und das Präzise, das Edle und das Rassige sind in diesem Zusammenhang eines. Man weiß, daß alles Glück und Leid des Europäers seiner spezifischen Idee des Individualismus entspringt; daher können seine Größe und seine Tugenden keine anderen als Tapferkeit, Mut, Unerschrockenheit, Furchtlosigkeit sein.

Muß ich es erläutern und sagen, daß Tapferkeit zu umschreiben ist mit Bekenntnis zu hohen Ideen, Mut mit aktivem Suchen dieser Ideen, und daß sie alle als *Freiheit* zusammengefaßt werden dürfen? Wo der Europäer wirklich frei ist, ist er rassig mit sehr differenzierten, scharfen Zügen und nur dort. Es ist also der Geist der Freiheit, der dem Europäer erlaubt, sich gegen die Mechanisierung, gegen den Dämon der Organisation und der Maschine zu behaupten.

(...)

Man wird später einmal, wenn die Zeit gekommen ist, die religiös-philosophische Auswirkung des Krieges und der auf ihn folgenden Epoche zu überblicken, feststellen können, daß der Glaube an den Sieg der großen Idee eine doppelte Erschütterung erfahren hat. Zuerst als der russische Versuch, die Idee zu verwirklichen, zum Bolschewismus, das heißt einer neuen Diktatur der Macht führte, also recht eigentlich die Idee in ihr Gegenteil *umschlagen* ließ; zweitens als die Sieger von Versailles das Programm, in dessen Zeichen sie gesiegt hatten, verrieten und den allerdings fast übermenschlichen Gedanken, den Bund der Vernunft und des Friedens zu schließen, mit einem Fußtritt des Militärstiefels verabschiedeten.

Die Folge war bei den Siegern der Absturz von der moralischen Höhe, bei den Besiegten die Desillusionierung, der Spott über die Nutzlosigkeit des Pazifismus, und allen gemeinsam der Verlust des Niveaus, auf das sich die europäische Zivilisation gehoben hatte. Dieses Europa kommt mir vor wie ein begabter Junge, der mitten in seiner Formung stand, willig das hohe Ziel der Erziehung anerkannte, ein verheißungsvoller Junge, wie man zu sagen pflegt. Da wurde er ins Leben geschleudert und als er zur Schulbank zurückkehren sollte, war er ein Lümmel geworden, der sich für reif erklärte.

Die Idee verschleierte sich also. Nur ganz wenige waren stark genug, sie hinter den Schleiern noch zu sehn. Aus ihren Reihen wird man die Geburt einer echten und unangreifbaren Philosophie der Idee erwarten können, die darin bestände, daß die Idee aus der optimistischen Nähe in die adlige Ferne gerückt wird.

Die Idee ist kein Thema für Vereinsreden, sondern Göttliches, unsterblich und nur mit aller Tapferkeit zu erringen; über der Pforte, die zur ihr führt, steht nicht, wie die Verzweifelten glauben, das Laßt alle Hoffnung, sondern das asketische, das disziplinierte, das unbeugsame Trotzdem. Aber welches Unglück: über die Länder zerstreut, ohnmächtig, unorganisierbar, schrumpfen diese Wenigen täglich mehr zusammen. Ein Wunder wird nötig sein, wenn von ihnen, den letzten Verwaltern und letzten Wissenden, der seelische Sturm ausgehn soll, der die Europäer wieder aktiv im Dienst des Guten macht.

Das künftige Europa ist ein rein moralisches Problem. Die Philosophen des Untergangs sind nicht mehr als Halbweise, das Schlimmste von allem; sie sehn nicht, daß das, was sie Automatismus des Blühens und Abblühens nennen, an einen verräterischen Punkt führt, wo die Frage nach der Willensfreiheit, nach dem Mut zum Guten sich erhebt.

Der Europäer im Sinne des guten Europäers ist kein anderer als der, der den Zugang zum moralischen Zentrum dieses Problems öffnet, freihält, weist. Er ist der Fortsetzer des Christentums, das nur noch Kirche ist, die feig mit den Gewalthabern Frieden schließt.

Ich persönlich habe nie damit gerechnet, daß der deutsche Geist allein imstande sei, die Welt von der Macht genesen zu lassen, obwohl er in seinen großen Zeiten und großen Erscheinungen dem moralischen Zentrum der Welt wunderbar nahe stand. Deutsche, Franzosen, Angelsachsen, Russen, Romanen, alle sind das gleiche Feld Gottes. Sie verleugnen und bespeien Gott gemeinsam oder sie verwirklichen ihn gemeinsam.

Alles Internationale ist seinem Wesen und seinem Ziel nach religiös, weil Zusammenfassung religiös ist. Wo Kräfte, die untereinander sich bekämpfen, zur Kristallisation gelangen, entsteht Form, Form ist lebensfähig; das Lebensfähige, der rotierende Körper, das ist Gott. Man weiß, welche Rolle im französischen Denken die Form spielt, nie war ein Instinkt echter. Nunwohl, dieser Forminstinkt ist die Garantie für die Hoffnung, daß das diffuse Europa aus einem Konglomerat zu einem Kosmos werde.

(...)

Es ist ja möglich, daß diese Erde untergeht, erkaltet, erlischt und die Geschöpfe auf ihr keinen Zusammenhang mit etwas Höherem, etwas Sinnvollerem haben. Es ist möglich, aber es gibt Menschen, die nicht gewillt sind, die Gleichgültigkeit des Geschehens anzuerkennen, solange ein Atemzug in ihnen ist. Und vielleicht lebt dieser Wille zum Großen, diese Sehnsucht nach dem Höheren in allen, ist das Eigenste der Kreatur, begründet eine Hierarchie des Aufstiegs. Ich glaube es.

Vom Nationalismus

Wir fühlen das Bedürfnis, unser Verhältnis zu den Begriffen National und Nationalistisch zu untersuchen und zu möglichst präzisen Ergebnissen zu kommen. Wer ist das, Wir? Nun, diejenigen, die man mit dem Wort Die Geistigen nicht nur bezeichnet, sondern auch trifft, das heißt diejenigen, die zwar die Ideenverwalter der Nation sind und als solche zu den nationalen Faktoren gehören, zugleich aber die Idee des Nationalen anders auffassen als die nationale Masse.

Damit ist bereits eine spezifisch deutsche Situation gezeichnet: die Masse und die Verwalter des Geistes stimmen nicht überein. Auch die Masse hat ihre Wortführer, die dafür sorgen, daß eine Ideologie, nämlich ein System von Benennungen und Beweisen, zur Verfügung steht, und sucht sich von jenen Verwaltern des deutschen Gedankens zu emanzipieren, ihnen die Glaubwürdigkeit abzusprechen, die Gefolgschaft zu verweigern.

Eine Unmenge von Schriftstellern, Journalisten und Rednern ist im nationalen Lager wie die Pilze emporgeschossen, und die Pilze scheinen unter den Pflanzen das zu sein, was unter den Tieren die Kaninchen sind, Progression ins Unendliche. Bereits ist der Nationalismus so stark durchorganisiert, daß er die Nachfrage geistiger Darstellung der volkstümlichen Erregungen vollauf befriedigen und auf die kritischer Eingestellten verzichten kann.

«Wir» laufen also Gefahr, ausgeschaltet zu werden, aber nicht das ist der Grund, weshalb ich diesen Aufsatz schreibe. Ich brauche «uns» nicht in Erinnerung zu bringen, ich glaube einfach, daß wir nicht zur Seite geschoben werden können. Eine große Idee wie die des Nationalen gerät eine Zeitlang in die Hände der Dilettanten, aber wenn sie es müde ist, sich mißhandelt zu sehen, flüchtet sie zu denen, die berufen sind, sie zu formen. Wahlverwandtschaft ist nichts als Suche nach dem legitimen Former.

Betrachte ich eine Figur wie den bayerischen Mussolini, betrachte ich also eine Figur wie Hitler und frage mich, worin der Unterschied zwischen Wort und Tat bestehe (in der Voraussetzung, daß Hitler die Tat für sich in Anspruch nimmt, unsereins aber dem bloßen Wort zuweist), so komme ich auf die merkwürdige Antwort: im – Reden. Die einen, die sogenannten Intellektuellen, arbeiten mit dem Wort am Schreibtisch, die anderen, die «Handelnden», tun dasselbe im Bierkeller, diesem Forum Bavariae.

Ich sehe den Unterschied nicht, das heißt ich sehe nicht den Grund, weshalb dieses Handeln über jenes Schreiben gestellt wird. Es sei soviel mehr wert, an einem Abend zwischen sechs Bräuhäusern hin- und herzufahren, um in jedem ein paar durch primitive Deklamationen verbundene Invektiven hinzuschmettern, als ruhig wachsend in sich selbst nachzuforschen, welche Form 1923 der nationale Geist Goethes, Kants, Hegels, Humboldts annimmt, wie also ein Ewiges wirkt, wandelt und währt?

In gewissen Zeiten ist es erlaubt, seinen Stolz zu haben und sich nicht, angesichts der Räuberhauptmänner, hysterisch darum zu sorgen, daß man nicht Handelnder, sondern nur Geistiger sei. Man durchschaue die Abruzzenoper der autofahrenden Geschäftigkeit und vertraue darauf, daß die geistige Domäne mehr als der Ort ist, an dem Müßiggänger spazieren gehn. Sie wäre nicht mehr, wenn nicht in erregten Epochen wie der unseren die Quellen selbst des nationalen Geistes Durchbruch suchten.

Ist der Geist aber aktiv, dann begnügt er sich nicht mit Antworten, die von maßlos kriecherischen Abhörern der Straßenmeinung in den Redaktionsstuben ausgesonnen und von Biertrinkern zwischen der vierten und fünften Maß beklatscht werden. Der Adel und der Ernst der großen Probleme verlangt ein anderes Niveau.

Soviel für diejenigen, die sich etwa versucht fühlen sollten, anzunehmen, die Hitler täten das, was sie tun sollten: unter die Menge gehn. Es ist eine Eigentümlichkeit der deutschen Intellektuellen, die Forderung des sogenannten Aktivismus falsch auszulegen. Eine einzige Form von Aktivismus hat Wert: die Ideen wirklich aufsuchen und gewissenhaft durchdenken. Alles was gewissenhaft durchdacht wurde, spricht sich von selbst aus, und was berufen ausgesprochen wurde, setzt sich in Wirkung um. Die geistig höchste Konzeption des Nationalismus, nicht die Tagesformen, bestimmen die Zukunft.

Natürlich, es gibt Zeiten, in denen die Tagesformen das Schicksal des Augenblicks entscheiden. Aber gewiß nicht heute, wo die Kontrolle der Entente immerhin das Gute hat, daß Affektstimmungen sich nicht in politische Handlungen entladen können. Wir sehn uns gezwungen, die Entspannung zu verschieben, nicht zum Schaden der endgültigen Lösung, die wir für den Nationalismus finden werden – wir sehn uns gezwungen, Zeit zu haben, und die Zeit kommt der Sublimierung der vitalen Erregungen zugute. Nur so wird aus einem hitzigen Gebilde ein geistiges.

Während der letzten vier Jahre waren die Geistigen in der nationalen Frage auf eine so schroffe Weise getrennt, daß eine Verständigung unmöglich zu sein schien. Um es zu verstehn, muß man auf den Krieg zurückgehn. Die einen hielten während des Krieges die «Treue», gleichgültig, was geschah, die anderen traten aus dem Ring der nationalen Gemeinsamkeit aus.

Jene, soweit sie von Rang waren, hätten sich auch mit einem siegreichen Preußen identisch erklärt und mußten allerlei mehr oder weniger gewundene Entwicklungen durchmachen, bis sie, heute, auf den Boden der Republik gefunden haben. Da sie für sich das Recht der Anpassung fordern, so sollten sie es unterlassen, von denen, die im Krieg im anderen Lager standen, mit einer Ironie zu sprechen, die nicht angepaßt ist.

Selbst Thomas Mann hat diese Ironie nicht vermieden, als er, noch jüngst, die Literaten in Zürich bedachte.

Unter den Literaten in Zürich waren Leute, die sehr wohl wußten, warum sie Wilhelm II. und Ludendorff für ein Unglück hielten und warum ihnen nichts übrigblieb, als abwartend zur Seite zu stehn. Sie durften ihrerseits das Recht für sich in Anspruch nehmen, sich nicht mit der damals gegebenen Form des nationalen Schicksals zu identifizieren, und wenn sie sich heute anpassen, das heißt Frieden und gemeinsame Arbeit an der nationalen Idee anbieten, sind nicht sie es, die den kleinen oder großen Salto mortale zu machen hatten, der sie aus der Sackgasse herausführte.

Das mußte gewiß einmal gesagt werden und zwar in dem Augenblick, wo man hinter vier Jahren einen Strich ziehen kann, ziehen soll. Man nähert sich aus beiden Lagern einer künftigen gemeinsamen Linie. Die «Treuen» können bleiben, was sie waren, national, und die Oppositionellen haben eine der wichtigsten Erfahrungen gemacht: daß man die nationale Idee nicht aus dem Weg räumen und nicht einmal umgehn kann, auch wenn man die höhere Idee des Völkerbundes, der zwischenstaatlichen Verständigung, des überspannenden Internationalismus sucht.

Die Immerdeutschgebliebenen und die Wiederdeutschgewordenen stehen heute an demselben Punkt: das Nationale mit dem Weltbürgerlichen zu vereinigen; und sie werden so in eine gemeinsame Front gedrängt gegen die Nurdeutschen, die Nationalisten. Ich glaube, es ist von Wert, diese Situation herauszuarbeiten. Thomas Manns Bekenntnis zur Republik ist eine tapfere Leistung inmitten des chauvinistischen München. Aufs Grundsätzliche gebracht bedeutet sie: der deutsche Geist beginnt auch in denen, die damals den Krieg mit ihren Überzeugungen deckten, seine alte, traditionelle Bahn wiederzufinden: die humanitäre.

Damit ist gesagt, daß alle Argumente, die sich im Augenblick mit so viel Berechtigung darauf beziehen, daß die Nationen egoistischer als je und der Pazifismus etwa ebenfalls illusionistischer als je sei, nicht das letzte Wort sind, nicht den Blick trüben dürfen. Der Blick ist auf das letzte, höchste und fernste Ziel gerichtet, ob man dieses nun das Humanitäre oder das Weltbürgerliche oder das Internationale oder wie sonst nennt. Die Visierung des letzten Zieles, das ist die Selbsteinrenkung des deutschen Geistes. Mit der Visierung des letzten Zieles findet der deutsche Geist sich selbst wieder.

Er hat die spezifische Eigenschaft, daß er nur marschieren kann, wenn er ein letztes Ziel visiert. Im Unterschied zu anderen Nationen, die ein nahes Ziel visieren und es erreichen. Es ist hier ein Punkt, wo die Konstruktion eines Gegensatzes naheliegt und die größte Vorsicht verlangt. Man darf nicht sagen, der Deutsche müsse um des fernen Zieles willen das näherliegende des eigenen nationalen Staates vernachlässigen. Sondern man muß erkennen, daß, wie die Dinge liegen und gewiß nicht zufällig liegen, die Verwirklichung eines Gebildes, in dem alle deutschen Stämme vereinigt sind, unmöglich ist und bleibt.

Ausgeschlossen aus dem Reich sind heute die Deutschen in Böhmen, Polen, Südtirol, Österreich, von den Bedrohten wie an der Saar und den Unentschiedenen wie im Elsaß nicht zu reden. Nur ein Narr, oder was er sonst ist, kann diesen Ausgeschlossenen das Recht bestreiten, dorthin zu gehören, wohin sie gehören wollen.

Ich finde die Romanisierung der Südtiroler oder die Vergewaltigung der Sudetendeutschen genau so unerträglich wie der Nationalist pur sang. Aber ein Narr anderer Art ist, wer glaubt, es sei noch Zeit, es gebe noch Gelegenheit, durch Politik, Krieg, Revision jene Volksglieder dem Reich einzuverleiben.

Das Großdeutsche Reich – es ist verpaßt worden. Es konnte vor Jahrhunderten geschmiedet werden, es wurde nicht geschmiedet. Zu spät. Und das ist nicht Schuld fremden Neides, sondern des deutschen Mangels an Gegebenheitssinn, der sich gegen fremde Mitbewerber behauptet. Es gibt kein Zurück mit Hilfe des Vorwärts, und die Deutschen müssen erkennen: entweder halten wir an dem Gedanken fest, durch Macht das großdeutsche Reich zu verwirklichen und führen dadurch nur eine Wiederholung unseres Schicksals mit dem typischen Fastgelingen und Scheitern in letzter Minute herauf, oder wir sinnen auf eine Form des künftigen Europa, die erlaubt, zwar auf die Verwirklichung durch Macht zu verzichten, aber das Ziel der deutschen Gemeinsamkeit gleichwohl zu erreichen.

Diese Form kann nur diejenige sein, die die Macht durch die Freiheit ersetzt. Die Freiheit der heute Ausgeschlossenen, ihre Sprache, Schule, Religion, Gesellschaft und welche Güter immer in Betracht kommen, nach eigenem Willen zu formen, zu besitzen, an das deutsche Zentrum zu knüpfen. Ich gehöre nicht zu denjenigen, die glauben, diese Freiheit sei möglich als Autonomie innerhalb eines *geschlossenen* Nationalstaates. Die Italiener werden den Südtirolern nie kulturelle Autonomie geben, schon deswegen nicht, weil diese Autonomie Befreiung vom Dienst unter der nationalen Fahne bedingen würde.

So taucht das wieder auf, was heute den geringsten Börsenwert besitzt: die Idee des geeinten Europa, das die Grenzen, die stehenden Heere, die nationalen Münzsysteme und anderes abgeschafft hat. Man sei sich klar: wenn jemals in der Geschichte die Zerstückelung der deutschen Stämme aufhören soll, kann es nur durch Verwirklichung der pazifistischen Ideen geschehen.

Die Deutschen haben dasselbe Ziel wie die Franzosen oder irgendwelche andere in Europa; aber während alle diese Nichtdeutschen das Ziel unmittelbar verwirklichen, nämlich bereits verwirklicht haben, vermögen die Deutschen es nur mittelbar, das heißt nicht aus eigener Kraft zu verwirklichen.

Es ergibt sich so eine eigentümliche deutsche Problemstellung mit eigentümlich deutscher Taktik: der Europäismus kann niemals darin bestehen, daß wir unser nationales Bewußtsein vernachlässigen, für gering achten, um des fernen Zieles willen bereits heute abwerfen. Im Gegenteil, es gilt, dieses Bewußtsein zu pflegen. Das ist die Auffassung, die uns erlaubt, die Nationalisten unseres Landes nicht nur zu verstehen, sondern auch nutzbar zu machen. Wir sind in der Aufgabe einig, aber nicht in der Methode.

Ich glaube sogar, wir würden wie Franzosen und Engländer im Positiv-Nationalen unser Genüge finden, wenn es uns möglich wäre, das großdeutsche Reich positiv zu verwirklichen. Zunächst sind wir europäisch nur, weil der Europäismus die einzige Möglichkeit ist, unser nationales Ziel zu erreichen. Aber jede egoistische Zwangslage projiziert sich in die Ideen; sie sublimiert sich, indem sie das Persönliche ins Allgemeine wendet.

Kurz, wenn man idealistisch denkt, muß man sich die idealistische, die machtpolitische Flanke decken. Der abstrakte Pazifist ist sentimental, der lebenskundige fragt sich im Augenblick der Besetzung des Ruhrgebiets und der Verwelschung Südtirols: wie können diese Einbußen je wieder rückgängig gemacht werden?

Bestehen nun Aussichten, daß die geschlossenen Nationalstaaten Europas ihrerseits unserem Ideengang so energisch folgen, daß der Bund der Völker Tatsache wird? Es ist wahrscheinlich. Ich will die wirtschaftlichen und anderen materiellen Faktoren, die einen Zwang ausüben, fortlassen und mich auf die religiös-vitalen Faktoren beschränken.

—

Zugegeben, daß der Imperialismus, nämlich die Zusammenfassung von Landschaften und Menschen zu einem Kosmos, das natürlichste, primärste, das wesentlichste Phänomen des Lebens ist, so sind die Nationalstaaten nur eine Station auf dem Weg zu ihm. Die nächsthöhere Form des Imperialismus ist der Staatenkosmos.

Er ist oft versucht worden, von allen großen Völkern Europas. Es ist aber klar, daß er scheitern muß, solange ein Volk versucht, diesem Kosmos seinen Willen, seine Lebensform aufzuzwingen. Er ist erst möglich als Bund und stellt als solcher die höchste Idee dar, die ebenso souverän und gegeben ist wie der Egoismus: die Idee der Gerechtigkeit, der Gleichberechtigung, des Friedens, der Duldung. Das sind religiöse Triebe, die heute in den deutschen Massen mißachtet werden, aus Ressentiment, als Reaktion auf die Tatsache, daß sie auch bei den Nachbarn und Gegnern mißachtet werden. Ich wiederhole, daß man als Deutscher entweder weit sehn muß oder schlechter sieht, als es im deutschen Wesen begründet ist.

(...)

Berlin

Die Berliner, deren Mangel an engherzigem
Lokalpatriotismus schon Heinrich Heine erkannt hat,
werden die unbefangenen Eindrücke des Dichters
ohne Entrüstung zur Kenntnis nehmen.

Wer nichts anderes kennt, nimmt diesen Wohnort, wie er ist, und denkt – das bißchen Republik wird ihn nicht daran hindern – es gibt nur ein Berlin.

Für alle übrigen ist der Friede mit Berlin die Geschichte eines langen Umwegs und gewiß nicht Liebe auf den ersten Blick, sondern (wie meistens Liebe) Aufgabe des Widerstands, Anpassung, langsame Entdeckung bestimmter Vorzüge und guter Eigenschaften, die den Entschluß zum Zusammenleben erleichtern.

Mit den Wölfen muß man heulen, und wenn man es lange genug getan hat, findet man, daß sie verleumdet werden. Das ist eines der Geheimnisse des Lebens und der Lebenskunst.

Wenn ich nach München oder Frankfurt komme, begreifen die Leute nicht, daß «man» in Berlin leben kann; aber wem an gewissen Bedingungen des Daseins liegt, kann doch nur in Berlin leben.

Die Besucher, die nach zehn Tagen erschöpft, mit allen Zeichen des Abscheus aus Berlin flüchten, sind nicht kompetent. Kompetent in einer Sache ist nur, wer in ihr ausgehalten hat, bis er in ihrem Rhythmus schwingt.

So auch mit Berlin. Das Toben der Stadt verschwindet in

einer höheren Form von Ruhe, der Lärm gehört zu ihr wie die Brandung zum Meer, und nur der Ton der Bewohner könnte etwas angenehmer sein, allerdings.

Charme hat die Stadt keinen, sich mit Paris zu messen, wäre vermessen. Ihre Cafés sind so unbehaglich wie das Getränk, das in ihnen geliefert wird und nur deshalb Mokka oder gar Mokka extra heißt, weil es kein Kaffee ist.

Flanieren macht hier keinen Spaß, der Blick stößt sich wund an Zementkisten, die Balkone zu sein behaupten, weil sie an den Häusern kleben.

Und das Speisen ist in dieser Stadt eine jener unangenehm sakralen Handlungen mit Haltung, Pomp, Auftreten und Komplikation, zu denen der Deutsche die einfachen und natürlichen Dinge umzubiegen eine Nötigung fühlt.

Wenn man nett speisen will, lässig, gut, heiter, muß man schon nach Brüssel oder Wien fahren. Wo anders als in Berliner Weinstuben kann es einem passieren, daß man sehr energisch werden muß, um «bloß» eine halbe Flasche Burgunder zu erhalten? Autoritär schreibt der Kellner die ganze vor, und deine Pflicht, o Fremdling, ist, Ordre parieren.

Woanders fragen die Ladenfräuleins mit gleich schriller Stimme: «Soll es sonst noch was sein?»

Aber Berlin hat Werte. Sein größter ist, in einem so unglücklich dezentralisierten Land die Illusion einer zentralen Hauptstadt zu geben.

Der Unfug des Separatismus mag denen, die Gewinn für ihre Machtinteressen daraus ziehen, als Vorzug erscheinen. Wer in Deutschland ohne europäisches Fluidum nicht auskommen kann, wird den Unfug Unfug nennen und Berlin dankbar sein, daß es noch mehr als Hauptstadt des Bundesgliedes Preußen ist.

Es ist das ohne Zutun und gegen den Willen der echt preußischen Leute, und hier wird nun deutlich, daß aus einer der unangenehmsten reaktionären Gegenden sich sieghaft etwas Neues, Künftiges, Übergreifendes bildet.

Wenn man europäisch in Deutschland fühlen will, lebt man am besten in Berlin. Jeden Abend ist ein Gang durch die Tauentzienstraße Bestätigung dieser wohltuenden Einsicht.

Ohne symbolisch zu werden, sehe ich in den Lichtkaskaden ihrer Geschäftshäuser dieselbe Garantie für Helle, Wärme und Ja zum Leben, wie in ihren Autos eine Steigerung des Tempos, die nicht nur Angelegenheit der Technik, sondern auch der Lebensfreude ist.

Der Mann von 1850 würde zusammenknicken angesichts dieses Tempos; uns gibt es Wohlgefühl, und eines ist man sicher nicht in Berlin, altmodisch, larmoyant.

Berlin, so weit östlich gelegen, ist doch der westlichste Punkt Mitteleuropas.

Meine badischen Romane

Der Zufall will, daß ich diese Zeilen gegenüber von Strasbourg schreibe; am Tag sieht man das Münster und nachts den Lichtarm des Scheinwerfers, der die Milchstraße abtastet. Nur der Rhein liegt zwischen dort und mir; für mich aber ist er eine unüberschreitbare Grenze geworden.

Landschaftlich ist kein Unterschied. Dieselben Wäldchen von Edelkastanien beschatten die Hügel, die den Gebirgsstöcken vorgelagert sind, umschmiegen die Rebäcker noch weit hinaus. In den Gärten der Bauern stehn Malven, Dahlien, Sonnenblumen, Phlox und Rosen, vor den Fenstern Fuchsien, die wie altmodische Ohrgehänge aussehen, und neben den Türpfosten die Kübel, worin der Oleander rot oder weiß blüht. An den Wegrändern wächst der Wegwart, nicht mehr als ein Unkraut und doch ein holder lavendelblauer Stern.

Hüben und drüben steigt in jeden Zug eine Schar weißbehaubter Klosterschwestern und trägt an der Hüfte die dunklen Kugeln des Rosenkranzes, auf der Brust das große messingene Kreuz. Die Wirtschaften führen die gleichen Namen – Engel, Adler und Stern – noch aus den Zeiten, wo dieser Streif badischen Landes bischoflich straßburgischer Besitz war.

Die Menschen sprechen das eine unteilbare Alemannisch, das jeder fremden Kehle unnachahmlich ist. Wer es nicht als Kind lernte, trifft die Vokale nie, weder die gefärbten noch die geschlossenen. Nur grüßen sie auf dieser Seite nicht Bonjour, sondern guten Tag, und sind, wenn sie hochdeutsch angeredet werden, nicht widerborstig wie die drüben. Das macht, sie leben im Reich und wissen nichts mehr von dem Partikularismus, den noch vor weniger als hundert Jahren ihre Vorfahren kannten.

Als der erste Weltkrieg verloren war und ich mich nach einem neuen Wohnort umsah, leitete mich die Landschaft; nach einem Versuch mit der Schweiz und Südtirol fiel die Wahl auf Baden, die andere alemannische Hälfte. Ich habe es nicht bereut, bin auf die gefühlsmäßigen Kosten gekommen.

Hätte ich mich, wie einst beabsichtigt, in der Stadt meiner Kindheit niedergelassen, in Colmar, dem schönsten und charaktervollsten elsässischen Ort, so wäre ich vermutlich Stoffen aus der Zeit Pfeffels, des Eulogius Schneider, des Generals Rapp, der napoleonischen Epopöe, der aufsteigenden Bourgeoisie von 1830 nachgegangen und doch vielleicht dem geheimen Trauma des elsässischen Menschen begegnet.

Schon in den ersten Tagen, nachdem ich mich in Baden-Baden niedergelassen hatte (es war im Jahre 1928), sprach mich die Bauart bestimmter Stadtteile merkwürdig heimlich, heimatlich an. Diese heiteren Häuser in der Luisenstraße, diese weiße Front mit Fensterläden und Balkonen ging auf den Stil zurück, den ich liebte; zur Zeit der Lithos war er in Frankfurt so gut wie in Paris zu Hause, ein noch nicht protzig gewordener Bürgerstil. Ich hänge dem neunzehnten Jahrhundert an; noch trat nicht auf, was danach kam.

Immer gehe ich von der Anschauung, dem Eindruck, der Gelegenheit aus; ein Schriftsteller, ein Künstler ist wie ein Araberpferd, das wittert, schon weiten sich die Nüstern: hier war Erlebnis, eine einmalige stimmungshafte Menschenluft. Irgendwo hatte man einmal etwas über die Spielzeit in Baden-Baden gelesen, irgendwann alte Elsässer erzählen hören. Waren nicht der dritte Napoleon und Eugenie in Baden-Baden gewesen?

Am Theater fand ich eine Gedenktafel an Berlioz, in der Schillerstraße eine an Turgenjew; ich kam öfter in ein Haus, das noch immer nach seinem französischen Gründer benannt wurde, und erfuhr, daß es einst eine Speisestätte für Kavaliere gewesen sei. Ich wurde auf Weinbrenner aufmerksam, las ein wenig nach: Mit Weinbrenner, dem Erbauer des Kurhauses, des Palais Hamilton und des Badischen Hofes, hatte der Aufstieg Baden-Badens angefangen und war ein schlagartiges, ein gewissermaßen amerikanisches Ereignis gewesen, aber das Heft hatten von 1824 bis 1870 die Franzosen in der Hand gehabt: französisch die Spielpacht, die Bühne, die Rennen, die Geschäftssprache.

Ich nahm mir die Zeit, es eilte mir nicht, ich öffnete mich nur, aber schon stand fest: Die sechziger Jahre waren die große Zeit Baden-Badens, und wenn du erst ein paar andere Arbeiten hinter dich gebracht hast, wirst du diese Welt aufschließen. Als es soweit war, ging ich jeden Morgen, etliche Monate hindurch, ins Haus des Badeblatts; die Druckerei war unten, und oben die Redaktion.

Ein Jahrgang der Zeitung nach dem anderen aus dem Jahrzehnt, das ich im Auge hatte, wurde mir auf den Tisch gelegt, und ich las sie durch, von den amtlichen Nachrichten am Anfang bis zu den Verlustanzeigen am Ende, um mich einzuleben.

Die Aufgabe, mit der Vorstellungskraft einen vergangenen Abschnitt im Dasein eines Ortes zu erfassen, ist nicht größer als die, einen gegenwärtigen sich anzueignen. Bei Ivo Puhonny, der ein leidenschaftlicher Sammler war, fand ich Bündel mit Rechnungen aus jenen Tagen und alte Briefe, worin ein in die Halbwelt von Paris verschlagenes Mädchen aus einer vornehmen badischen Familie sich mit den Verwandten auseinandersetzte. Damit war die Hauptfigur gegeben, und ich schrieb *Hortense*, von der ich sagen darf, daß sie die Glanzzeit Baden-Badens in die Literatur einführte.

Es war nicht mein Verdienst, nur mein Vorteil, daß bislang Baden-Baden in keinem deutschen Roman einen Niederschlag gefunden hatte, kaum einmal in jenen alten Zeiten selbst. Wohl hatte der berühmte Ort jeden Musiker von Bedeutung bei sich gesehen, aber Karl Spindler ausgenommen, hatten deutsche Dichter ihn nicht lange bewohnt, ihn wohl als zu gesellschaftlich, weltlich und teuer empfunden.

Wie ein Kuriosum mutet es mich an, daß bald nach Erscheinen des Romans die Spielsäle im Kurhaus wieder eröffnet wurden; man soll nie sagen, daß etwas unmöglich sei.

Ein Kritiker wertete den Roman als eine Flucht aus der Gegenwart in die Zeit, da der Liberalismus und die Internationalität in ihrer Sünde Maienblüte standen. Aber Entstehung und Anlaß waren viel unbefangener, wie man oben nachlesen kann. Daß ich der Gegenwart nicht aus dem Wege gehe, belegte der nächste Roman, die *Töchter Noras*, später in *Kamilla* umgetauft.

Dann wandte ich mich wieder dem neugefundenen Gebiete zu. Ich plante eine Geschichte Baden-Badens, die mit dem Rastatter Kongreß begonnen hätte, das heißt mit den Tagen, als die Generation, die ihren Rousseau gelesen hatte, die Lieblichkeiten des Schwarzwaldes zu entdecken begann.

Aber Lieblichkeiten ist nicht der richtige Ausdruck, nicht für das erregtere und tiefergehende Gefühl, das die Menschen der Romantik und noch des Biedermeiers, bis 1870 hin, angesichts des Gebürges, wie damals die Dichter sagten, erfaßte. Ich weiß nicht, ob schon eine Geschichte des Naturgefühls geschrieben worden ist, wohl aber, daß eine seiner Verdichtungen im Schwarzwald und angesichts des Schwarzwaldes erfolgte; wer, sagen wir 1830, 1840 nach Baden-Baden fuhr, kam mit hochromantischen Vorstellungen, die bis zum Dämonischen hingingen.

Wenn der Leser das schönste deutsche Kunstmärchen, Das kalte Herz von Hauff, kennt, weiß er, was ich meine. Es entstand ja damals, als es noch gerade eben Holzkohlenmeiler, Glashütten und Hollandflößer gab. Es gefällt mir gut, daß just die bösen Franzosen so stark an dieser Poetisierung des Schwarzwaldes beteiligt waren. Mit Entzücken nimmt man die Alben, Stahlstiche und Lithos zur Hand, die im Auftrag der Spielpächter hergestellt wurden und als Werbeschriften dienten.

Aus der geplanten Geschichte des Kurortes Baden-Baden wurde nichts, wohl aber verdankte ich dieser Absicht das, was man einen organischen Erweiterungsprozeß nennen mag. Baden-Baden war eine kleine Markgrafschaft für sich gewesen und vor der Französischen Revolution mit der Markgrafschaft Baden-Durlach (Karlsruhe) vereinigt worden. 1803 begann, 1806 schloß jene Zusammenlegung von

Gebietchen, aus der das Land Baden im heutigen Sinn hervorging, dasselbe, worin ich nun meine Wahlheimat sah.

Landschaftlich und menschlich war es mir vertraut, nun eignete ich es mir auch politisch und geschichtlich an – mit anderen Worten, ich suchte die Wurzeln, mit denen ich darin haftete, tiefer zu treiben und erkannte bald, daß sich der Begriff Baden auch geistig überwölben ließ.

Denn 1803 kam Heidelberg hinzu, und Heidelberg bedeutete deutsche Romantik, diese aber die Fortsetzung und Ergänzung der Klassiker: mit einemmal war ich mitten in der hohen Zeit des deutschen Wesens, in der Universalität des Denkens, in der Totalität des Fühlens, die *die* deutsche Leistung schlechthin sind.

Es beruht alles auf Gegenseitigkeit. Solange man einem Volk angehört, weil man in ihm geboren ist, liegt etwas wie ein äußerer Zwang vor; für jeden denkenden Menschen kommt der Augenblick, wo er sich fragt, weshalb er gerade dieser und nicht einer anderen Nation angehört, wo er also aus freien Stücken bejaht, was ist. Und er bejaht nur, wenn auch ihm etwas gegeben wird.

Nicht der prügelnde Friedrich Wilhelm der Erste hat mich zum Deutschen gemacht, auch nicht Friedrich der Zweite, dem ich sein wahrhaft klägliches (im Grunde tragisches) Verhältnis zur deutschen Sprache und zum deutschen Menschen, den er mißachtete, nicht vergessen kann, sondern das dreieinige Ereignis, das als deutsche Musik, Goethe und Romantik sichtbar wurde.

Nirgends brauchte ich über 1789 zurückzugehen; ich darf ebenso zutreffend 1800 sagen. Das kam einer Neigung zum

Maß und zur Abgrenzung gegenüber den Progressionen ins Unendliche entgegen. Ich gestehe dem Dichter oder Schriftsteller gern das Recht zu, seine Stoffe zu holen, wo es ihm beliebt; aber es hat in meinen Augen etwas Unverbindliches, wenn man in einem Roman auf irgendeine alte Zeit zurückgreift, an die vorher niemand gedacht hat, deren Zustände uns nichts mehr bedeuten.

Regeln lassen sich nicht aufstellen; wenn ein dem preußischen Geist Verbundener einen Roman über den Großen Kurfürsten schreibt, so kann das seinen Sinn haben. Jeder spreche nur für sich; der Mensch, den ich wähle, um zu sagen, woran mir liegt, lebt zwischen 1800 und 1950.

Das sind fünf Generationen, aber die seelische Einheit bleibt gewahrt. Um 1800 waren alle Elemente, die den heutigen Menschen bestimmen, bereits gefunden. Die Revolution von 1789 trennte ihn vom Barock und den anderen Formen des Feudalismus. Er war schon nicht mehr blindgehorchender Untertan: Volk, Staat, Nation einerseits, Persönlichkeit, Freiheit, geistiger Mut andererseits erschlossen sich ihm als ganz neue, großartige Begriffe. Er besaß Selbstbewußtsein, und er besaß Bildung, diesen selbstgestalteten Schutz gegenüber allen Roheiten des Absolutismus.

Der Entschluß, mich um 1800 anzusiedeln, erwies sich als fruchtbar. Wenn ich darstellte, wie aus vielen Dutzend Abteien, Reichsstädten, Komtureien, Grafschaften das einheitliche Land Baden entstand, bewegte ich mich ebenso ungezwungen in einem nationalen Stoff, wie wenn ich mich der Romantik in Heidelberg zuwandte.

Ich war ja in unmittelbarer Nähe des Ereignisses, das so

—

langweilig Reichsdeputationshauptschluß heißt und das wichtigste Geschehnis seit der Gründung des Heiligen Römischen Reiches durch Karl den Großen gewesen ist: das alte Reich wurde zerschlagen, um das neue vorzubereiten.

Die vom Schicksal erwählte Hand gehörte Napoleon, der das Land Baden schuf. Ich konnte auch ihn, auch Paris in meinen Rahmen spannen, ohne in den Verdacht zu geraten, einen nutzlosen Roman der Franzosenzeit mehr zu schreiben. So entstanden die beiden Bände der *Monthiver-Mädchen: Die junge Monthiver* und *Anselm und Verena*.

Der Held ist ein junger Karlsruher Pfarrerssohn, den die Revolution nach Frankreich verschlug. Von dort aus vollzieht sich seine Rückkehr zum deutschen Wesen. Er ist ein Kind seiner Zeit, er hat die empfindsame Gefühlslage. Sie bedroht ihn hinreichend; er behauptet sich, klärt sich, wächst an männlichen und geistigen Energien. Er wäre nicht der Sohn seiner Zeit, wenn er nicht der Tat die Empfindung entgegenstellte.

Ein junger Preuße hielte es umgekehrt; ich schrieb den Roman jenes Zeitalters, das nach Jena führte, vom süddeutschen Standpunkt her. Süddeutschland lebte, fühlte und dachte damals noch unpreußisch; noch niemand hätte es für möglich gehalten, daß von Norden aus die Einigung Deutschlands erfolgen könne.

(...)

1936 folgte *Scherzo*, 1938 *Personen und Persönchen*, 1943 *Das Quintett* – alle drei Romane behandeln heutige Menschen in

—
94

badischer Landschaft, auf oberrheinischem Hintergrund. *Das Quintett* nimmt eine Mittelstellung ein, es spielt 1900 unter den ansässigen Bürgern der Altstadt von Baden-Baden; daß es auch diese, nicht nur den Fremdenort gab, hatte noch niemand bedacht.

Und 1938 – schon spürend, daß es gut sei, sich eine eigene Welt zu schaffen und eine Zuflucht in ihr zu finden, wenn draußen Krieg wieder tobte – begann ich den *Fortunat*, der mich fünf bis sechs Jahre gefangenhielt. Auch er ist, wenn kein ganzer, so doch ein halber badischer Roman: erstens durch den Anfang, wo der Vicomte Jacques Maslin noch der Jakob Kestenholz, Sohn eines Lörracher Chirurgus ist; zweitens weil er später, nun Frauenarzt in Paris, immer wieder Aufenthalt in einem badischen Winkel nimmt, den er die Au nennt und der unschwer als die liebliche Gegend um Sasbachwalden bestimmt werden kann.

Im Alter wählt der Fortunat die Au zum endgültigen Ruhesitz. Er kehrt, bei aller Unabhängigkeit oder Eigenwilligkeit, dahin zurück, wo er Kind gewesen war. Die Großstadt sah seinen Aufstieg, die Stimme der Landschaft rief ihn zuletzt.

Man rechnet mich nicht zu den Heimatdichtern im engeren Sinn, zu denen, die «Blut und Boden» auf ihr Papier geschrieben haben. Mir ist es lieb so – ich strebe weitere Wirkungen als lokale an. Aber darauf, mit einer Landschaft verbunden zu sein und, ungeachtet aller Geistigkeit, doch die sinnliche Flanke zu decken, will sagen, aus dem Anschauungshaften gestalten zu können, lege ich Wert.

In den früheren Jahren war ich links vom Rhein zu Hause, in den späteren rechts – beide Seiten des Stromes schließen und wölben sich zum Lebensraum am Oberrhein. Und das ist eine Zuweisung, die mir gefällt.

Das neue Zeitalter

Die Frage, welche Problemstellungen nach dem zweiten Weltkrieg die Menschen beschäftigen, die Entwicklung bestimmen könnten, ist noch kaum angeschnitten worden. Doch beginnen die Umrisse sich bereits abzuheben.

Sucht man nach einem Namen für die neue Ära, so liefert ihn vielleicht der Begriff des Totalismus. Die Tendenzen gehen aufs ganze, auf totale Regelung. Statt Total ließe sich auch Universal sagen; aber das Wort Total drückt besser das Intensive des Vorgangs aus, besser auch das Radikale.

Die Demokratien streben Weltdirektorium, Weltparlament, Weltbürgerschaft und Weltplanung an; die faschistischen Systeme den Einheitsstaat, die Einheitsklasse, die durchorganisierende Diktatur. Sich bekämpfend wie Idee und Gegenidee, sind beide doch aneinander gekoppelt und spiegeln dasselbe zeitgemäße Bemühen: Ordnung aus einem Guß, methodischste, systematischste Lenkung.

Nie haben sich die Dinge so sichtlich, so entschlossen auf ein Entweder-Oder zugespitzt: auf totalen Sieg, auf totalen Durchbruch der Idee, die die Führung beansprucht. Nie auch hat der Mensch so wissend seine eigene Situation gesehen. Weltfriede oder Weltchaos, das ist die Alternative. Man kann geradezu von einem Entscheidungskampf zwischen Vernünftigkeit und Dämonismus sprechen.

(...)

Es braucht die Haltungen, die um den Sieg ringen, nicht erst zu finden oder auszubilden: die Humanität, die Freiheitsidee, die Rechte der Person und des Menschen als solchen einerseits; das Primat der Gemeinschaft, ihre Unduldsamkeit, ihren Herrschaftsanspruch andererseits; beide Motive stehen ausgeformt zur Verfügung, und wir können ihre Bedeutung, ihre Reichweite, ihre Folgen übersehen. Nur noch die Entscheidung steht aus und wird darüber bestimmen, ob der Fall Mensch hoffnungslos ist (...).

(...)

Das Zeitalter des Totalismus kann auch als das der grundsätzlichen Planung bezeichnet werden. Sie vollzieht sich sowohl auf dem wissenschaftlichen wie auf dem gesellschaftlichen Gebiet. Der Demokratismus mag einmal, in den Frühzeiten um 1800, ein Kampf der republikanischen Staatsform mit der monarchistischen gewesen sein: aber längst hat er einen anderen, bedeutungsvolleren Sinn erhalten: ein Regulativ zu suchen, das Regulativ schlechthin, das ein für allemal dem Staatsbürger seine Rechte sichert.

Staatsbürger ist, wer nicht nur gelenkt wird, sondern sich befragt sieht, wie gelenkt werden soll: wer Freiheit besitzt. Viele haben sich noch nicht klar gemacht, daß es nicht verschiedene Lösungen für das Problem des Schutzes der Person gibt, sondern eine einzige Lösung, nämlich die Bewilligung der politischen Freiheit, also die Erziehung im Geist der Freiheit: genau diesen Geist aber nennen wir Demokratie. Der Demokratismus hat universalen Charakter. Indem er allen Mitgliedern einer Nation die Gleichberechtigung zuspricht, dehnt er diese Forderung ohne weiteres auf den Menschen aus und ist gezwungen, sich selbst als totales, alle Völker angehendes Regulativ aufzufassen: als notwendige Erziehungsidee.

Der Deutsche glaubt, es handele sich bei den demokratischen Prinzipien um Ladenhüter, die man ihm aufreden wolle; in Wahrheit steht ihnen die maximale Entfaltung erst in der kommenden Ära bevor. Die Demokratie hat nicht nur eine Vergangenheit, sie hat auch eine Zukunft, und wenn die jungen Deutschen Ideen suchen, die dem Bedürfnis ihres Alters nach großen Impulsen entsprechen, sind sie nicht auf den Faschismus angewiesen: dieselbe planetarische Regelung mit gewaltigen Perspektiven bietet auch der Demokratismus an.

Das faschistische Denken benutzt, um total zu werden, das Mittel der Diktatur, drückt den einzelnen Menschen also zu einer belanglosen Zahl herab; der Demokratismus ist auf Hebung des Wertes der Person bedacht und damit Verfechter einer Anschauung, die unter Deutschen schon Kant, Schiller, Humboldt, Goethe am Herzen lag. Vor lauter Verehrung von Generälen hat die deutsche Jugend diese große Überlieferung vergessen.

Der politisch-soziale Totalismus hat also zwei Erscheinungsformen: die demokratische und die diktatorische. Der Ablauf des künftigen Zeitalters wird durch die Auseinandersetzung zwischen diesen beiden Systemen bestimmt. Wir erhalten entweder das Weltdirektorium mit dem Weltparlament oder den Zerfall, den Krieg in hemmungslosester Form und das brutalste Faustrecht in Permanenz.

(...)

Vielleicht wird (...) der Planet mit seinen Menschen und ihren Zivilisationen erlöschen, untergehn, verschwinden.

Man kann das nicht wissen, und einen bloßen Phantasiecharakter hat diese Vermutung nicht. (...) Nicht ausgeschlossen erscheint mehr, daß der Mensch selbst den Untergang der Erde herbeiführt. Es könnte sein, daß er solange experimentiert, die Technik, die Chemie, die Umzüchtung vorwärtstreibt, bis dieser Erdball in die Lüfte geht oder das Genus Mensch biologisch erstarrt. Für Phantastik ist bei aller Rationalität gesorgt.

Aufenthalte in Frankreich

Es war an einem heißen Julitag, an einem Sonntag, am Nachmittag. Wir kamen von Saint-Dié in den Vogesen und befanden uns auf dem Weg zur Loire, zur Touraine, zu den Valoisschlössern. Der Ort, in dem wir hielten, auf der Hauptstraße, vor einem kleinen Kaffeehaus mit Marmortischen, einer Zinkblechbar und Hockern, hieß Bar-sur-Aube.

In meinem Historikerkopf wurde eine Erinnerung wach – irgend etwas war hier einmal geschehen. Ich kramte im Gedächtnis und fand auch, was ich suchte: bei Bar-sur-Aube hatte Blücher mit seinen Preußen oder Schwarzenberg mit seinen Österreichern einen Sieg über Napoleon erfochten, 1814, kurz vor dem Einzug in Paris.

Wie ich so die Straße aufwärts und abwärts schaute und außer zwei Oleanderkübeln nichts erblickte, worüber man auch nur ein Wort hätte verlieren können, kam mir der Gedanke: ich halte jede Wette, daß einem der Freiwilligen, die damals, nach der Schlacht von Leipzig, westwärts zogen, diese Straße sich genauso anbot wie heute mir – mehr als zwei Stockwerke zählte kein Haus, und das Stockwerk hatte nicht mehr als zwei, oft nur ein Fenster. Ansteigende Dächer mit Giebeln und Luken gab es nicht – es gab keine Erker, kein geschmiedetes Gitter, keine rinnenden Brunnen, keinen Blumenschmuck.

1814, das waren nun rund hundertfünfzig Jahre her; aber in diesen französischen Landstädten stand die Zeit still. Die Jünglinge von 1814, aus den Befreiungskriegen, waren schwärmerische Menschen gewesen, die Verse und Reime liebten – vielleicht hatte der, an den ich nun schon wie an einen Vorfahren, der gelebt habe, dachte, zu seinem Freund gesagt: Schau dir diese Erdgeschosse und die Läden darin an: eine schmale Tür, im besten Fall ein einziges Schaufenster, gerade breit genug, um fünf Brote auszulegen oder ein Körbchen mit Salat hinzustellen. Gib zu, das alles sieht aus, wie es 1614 ausgesehen haben mag oder gar 1414, als Jeanne d'Arc in den Windeln lag.

Von diesem Sonntagnachmittagsaufenthalt in Bar-sur-Aube ging eine Wirkung auf mich selber aus. Ich war auf die Behausung aufmerksam geworden, in denen sie lebten, und wenn man sich ein Bild davon machen konnte, wie ihre Wohnungen aussahen, konnte man auch eine Vorstellung davon gewinnen, was sie wollten und was sie dachten. Anschauung ist alles.

(...)

Meine Tochter heiratete einen Franzosen, einen Bretonen, der in der Vendée lebt. Mein Verleger hat ein Hobby, das in veranlaßt, mit seinem Auto in die französische Provinz zu fahren und Kirchen und Klöster aus dem elften Jahrhundert aufzunehmen, also auf den Spuren der Romanik zu wandeln. Beide Tatsachen waren meinen Beziehungen zu Frankreich förderlich: ich besuchte öfter die Familie meines Schwiegersohnes und ließ mich von meinem Verleger zu einer Fahrt durch Gallia romanica einladen.

Ein dritter Umstand sorgte dafür, daß mein langes Leben als eine nie abbrechende Auseinandersetzung mit den Franzosen betrachtet werden kann. Ich meine die Tatsache, daß ich, in Metz geboren, in Mülhausen und Colmar zur

Schule ging, in Straßburg die Hochschule besuchte, kurzum das, was einmal als die elsässische Frage in den deutschen und französischen Zeitungen erörtert wurde, miterlebte. 1918 verließ ich das Elsaß: zwar bin ich heute nicht mehr Elsässer, aber bis 1918 war ich es, und dieser Zugehörigkeit, also diesem Grenzlandaufenthalt, verdanke ich die Fähigkeit, differenziert zu denken (und den Nationalisten hüben wie drüben zu mißtrauen).

(...)

Wieder einmal auf einer Frankreichreise, saß ich an einem Sommertag in einem Städtchen, das Loches hieß und im Departement Indre-et-Loire lag, vor einem Café und erblickte zu meiner Rechten ein Bronzedenkmal. «Wer ist der Mann auf dem Sockel?» fragte ich die Kellnerin, und sie erwiderte: «Das ist Alfred de Vigny, der hier geboren wurde und starb.» Sieh an, wie interessant, dachte ich.

Lang war es her, daß ich Vigny übersetzt hatte, sowohl seinen Hauptroman, den «Cinq-Mars» von 1826, als auch «Servitude et grandeur militaires» von 1835. Seltsame Umstände hatten bewirkt, daß diese Übertragungen, obwohl bestellt, nicht gedruckt worden waren. Ich liebte Vigny. Es fehlte ihm der Schwung seines Zeitgenossen Balzac, aber nicht immer tut es der Schwung allein. Vigny, Graf durch Geburt, hatte nicht nur als Offizier unter den letzten Bourbonen seinen Abschied genommen, sondern auch als Schriftsteller sich in den berühmten Elfenbeinturm zurückgezogen, der klassischen Formel Sainte-Beuves zufolge. Bei uns kennt man Sainte-Beuve kaum und Vigny gar nicht, aber das Gleichnis vom Elfenbeinturm wendet jeder an.

Schön, im Elfenbeinturm sitzen ist so gefährlich, wie im Glashaus wohnen. Und doch, allem Tadel der Mitbürger zum Trotz, der Elfenbeinturm, abgeschlossen, mit hochgezogenen Treppen und glatten Wänden ohne Balkone, ist oft die letzte, schützende Zuflucht. Wenn das Kollektiv unerträglich wird, muß man dem Kollektiv den Rücken zudrehen.

Am Abend dieses Tages waren wir bereits in einem anderen Departement: Deux-Sèvres; der Ort hieß Thouars. Das Auto hielt vor einem Giebelhaus, an dem in gotischen Lettern Hostellerie stand; zur Linken bemerkte ich ein herrliches romanisches Portal, das mußte Saint-Médard sein; ich kannte diese Fassade durch Fotos.

Die Hostellerie war alt, das Leinen gediegen, der weißhaarige Kellner sah aus, als verstehe er viel von altem Rotwein. Durch hohe Refektoriumsfenster hatten wir beim Abendessen einen wahrhaft romantischen Blick auf eine gewellte Landschaft, über der der Vollmond stand. Beim Anblick des Vollmondes muß ich immer denken, so hätten die Menschen der Kreuzzüge oder die der Romanik das Gestirn gesehen – die des technischen Jahrhunderts machen sich nichts mehr daraus.

Wir tranken samtenen Rotwein, und meine Gedanken begannen zu schweifen – wir konnten nicht mehr weit von der Landschaft Melusines sein. Melusine begegnete man in Vouvant und im Wald von Mervant. Vouvant und Mervant konnten nicht mehr weit sein, und wer diese Namen nur aussprach, sank ins zehnte Jahrhundert zurück.

Zum Schlafen brachte man mich durch eine enge Gasse mit gelben Wänden in ein uraltes Haus – mir war, als ginge ich zwischen den Häusern einer Novelle des Cervantes einher. Ich war darauf gefaßt, daß es in diesen Zimmern nach Knoblauch röche – aber es roch nach Weihrauch, und ich schlief tief, traumlos unter einem Betthimmel. Als ich aufwachte, roch es köstlich, belebend nach Kaffee – wie abhängig war ich von Gerüchen, sie beflügeln die Phantasie.

Während des Frühstücks blätterte ich in einer Geschichte Thouars'. Diese Stadt, nicht weit von Saumur, war während des späteren Mittelalters englisch gewesen – Folge einer verhängnisvollen Heirat der Erbin von Aquitanien mit einem Plantagenet. Als Thouars in einem Jahr des zwölften Jahrhunderts abbrannte, baute Richard Löwenherz es wieder auf. Richard Löwenherz war mit Friedrich Barbarossa im Heiligen Land gewesen. Barbarossa ertrank in einem syrischen Fluß, man legte seine Leiche in einen mit Essig gefüllten Sarg, um sie nach Deutschland zu bringen, aber die Leiche zerfiel in der Hitze und man beeilte sich, sie im Dom von Antiochia beizusetzen.

Ich erzählte es meinem Begleiter, als wir nach dem Frühstück zuerst Saint-Médard, dann die übrigen Kirchen von Thouars besichtigten. Sein Hobby waren romanische Portale, meines war Geschichte im allgemeinen: wir verstanden uns aufs beste. In einer der Kirchen war der Boden mit alten mittelalterlichen Grabplatten belegt, und die Wände der Kapellen waren mit Exvoto-Andenken behängt, mit Krücken, Beinen, Augen von Kranken, die vor Jahrhunderten Linderung oder Heilung gefunden hatten. In anderen Kirchen hat man diese alten Sachen stillschweigend entfernt – hier hingen sie noch, Erinnerungen an ein wahrhaft afrikanisches Verhältnis zwischen Gottheit und Bittsteller.

Wir fuhren von Thouars nach Südwesten weiter, traten in ein neues Departement über, die Vendée, und steuerten den verabredeten Standort an, La Tranche-sur-Mer, hier wohnten meine Tochter und ihr Mann. Wir aßen nicht zu Mittag, wir hielten ein Picknick ab, im Wald von Mervan, dem Zauberwald Melusines.

Was wußte ich von Melusine? Zunächst, sie war die schöne Melusine gewesen. Sodann, sie war die Tochter des Königs von Albanien und einer Fee. Die Fee hatte den König schwören lassen, er werde nie in ihre *gésine* eindringen, die Wochenbettstube. Er hatte das Versprechen vergessen und sie, die im Wochenbett mit drei Töchtern lag, besucht. Ich muß dich verlassen, sagte sie, weiblicher Lohengrin, und entschwand mit den Töchtern.

Eine davon war Melusine – sie heiratete einen der Herren in Poitou, den Herrn von Vouvant und Mervan. Sie gebar ihm zwölf Kinder, schöne Kinder, doch jedes verriet durch ein Zeichen, daß Melusine aus dem Land der Verzauberten, der Märchen, der Dämonen kam. Das eine der zwölf Kinder hatte einen langen Zahn, der aus dem Mund ragte, ein anderes hatte ein schwarzes und ein blaues Auge, das dritte spitze Ohren und so fort. Damals war noch die Zeit der Zauberinnen, der verwunschenen Wälder, der Unheimlichkeit. Melusine baute in einer Nacht zu Vouvant die Rundtürme, die nur ein Eingangstürchen und oben auf der Plattform eine weite Aussicht (zu Verteidigungszwecken) besaßen.

An einem schönen Nachmittag fuhren wir von La Tranche nach Vouvant zurück und besichtigten erstens die alte romanische Abteikirche, zweitens den einen Rundturm, der von den Türmen Melusines noch übriggeblieben war. Die Historiker sagen, die Gestalt der Melusine sei erst im späten Mittelalter literarisch festgelegt worden. Das mag stimmen. Aber ebenso klar ist, daß sie auf ältere keltische Sagenmotive zurückgeht, auf die Zeit des Königs Arthur, auf die Jahrhunderte, in denen die Orte wie Vouvant noch im tiefen Forste unzugänglich lagen.

Melusine gilt auch als Ahnfrau der Lusignans, die beim ersten Kreuzzug dabei waren, nach Palästina gelangten und als Verwandte des Gottfried von Bouillon Könige von Jerusalem wurden. Als die Christen weichen mußten, hielten sich die Lusignans noch lange als Könige von Zypern – gegen 1500 verloren sie es an die Türken und erloschen.

Eines Tages, als wir von La Tranche nach Poitiers fuhren, veranstalteten wir ein Picknick in der Nähe von Lusignan, einem Dörfchen. Wie schön, wie erfüllt dieser Name klang, Lusignan, und war doch nur ein unscheinbarer Marktflekken. Gloria mundi perit, von aller Herrlichkeit und Größe bleibt nur ein Wort.

Bis Poitiers drangen in der Karolingerzeit die Araber von Spanien her. Aber schon vierhundert Jahre früher entstand in dieser Stadt die älteste christliche Kultstätte – die Taufkapelle Saint-Jean, ein umgearbeitetes Bad der Römer. An einem Markttag besichtigten wir die drei romanischen Kirchen Poitiers aus dem elften und zwölften Jahrhundert: Notre-Dame-La-Grande, Saint-Pierre und Sainte-Radegonde.

Anschauung ist alles – für mich fällt seit diesem Morgen der Begriff romanische Fassade mit den drei Portalen und darüber den Galerien von Notre-Dame-La-Grande zusammen. Und der altertümliche, beinah archaische Bilderschmuck der Fassade fällt mit dem Treiben der Bauern und der Hausfrauen zusammen, die an diesem Morgen Geschäfte miteinander machten. Ob 1000 geschrieben wird, ob 1960, Lauch und Artischocken, Pfirsiche und Sellerie sind im Haushalt nötig. Das Heilige und das Alltägliche begegnen und vermischen sich.

Noch Anno 1918 bedeckte sich in Zürich die Hauptstraße, die vom Bahnhof zum See führt, zweimal in der Woche mit den Ständen und Körben der Landbewohner, die ihre Erzeugnisse feilhielten. Um elf mußte alles fertig sein, aber bis elf konnte man im Zürich des zweiten Weltkrieges glauben, es sei das Zürich von 1820.

Anno 1820 gab es an jedem Ort der Christenheit einen Christkindlmarkt mit den Auslagen der Lebkuchenhändler, der Kerzengießer, der Spitzenklöppler. Wo gibt es diese Märkte, wo ihre Kerzen noch heute? Mir wurde in Poitiers ganz biedermeierisch zumute – in dreißig Jahren wird alles anders sein, und Poitiers wird kaum mehr wissen, daß es die Stadt der romanischen Kirchen war. Stile, Ideen, Religionen, alles ist sterblich.

Von Vouvant wird berichtet, um das Jahr 1000 habe der jagende Herzog von Aquitanien das hübsche Stück Erde mitten im Walde entdeckt und befohlen, auf dem Hügel eine Kirche zu bauen. Portal und hinter seinem Giebel der Turm stehen noch. Das Portal, die Vorhalle, *le porche*, zeigt nicht wie sonst beim romanischen Stil eine offene Tür

—

inmitten zweier blinder Türen; vielmehr werden zwei offene Türen von einem Bogen überwölbt. Die zwei Türen sahen geradezu sarazenisch, arabisch aus.

Man wird schwerlich fehlgehen bei der Annahme, daß das arabisch besetzte Spanien dem Norden eine Menge oder Unmenge von Bauführern, Maurern, Architekten zusandte. Dann muß man wissen, daß damals, im elften Jahrhundert und den nachfolgenden, die Christen nördlich der Pyrenäen mit heißem Eifer nach Compostella wallfahrteten, einem der heiligsten Orte des Abendlandes. Abteikirchen, wie die von Vézeley im Burgundischen, wurden bewußt in den größten Dimensionen angelegt, um die Wallfahrer zu fassen. Man lernt nie aus, man muß Einzelheiten kennen. Achthundert Jahre vor Lourdes lockten Loretto in Italien und Compostella in Spanien die Gläubigen an.

Von Poitiers schwärmten wir aus, um zwei Kirchhöfe aus der Merowingerzeit zu besuchen. Die Särge aus hartem Tuffstein, gebettet ins Gras und ins Grün, enthielten schon lange keine Toten mehr, aber man hätte sich ohne weiteres in sie legen können. Die Deckel standen bereit.

An diesem Abend fuhren wir nach Saint-Savin weiter, dessen Abtei den Kunstkennern bekannt ist, weil ihre hohen Decken und Wände mit Fresken bemalt sind, die nun dank der elektrischen Beleuchtung sichtbar werden.

Wir übernachteten in einem alten, sehr alten Wirtshaus, das modernisiert worden war – es gab, ungeachtet der Hühnertreppen und der schweren Schränke auf den Gängen, elektrisches Licht, Waschbecken für fließendes Wasser

—

und Spülklosette. Jedoch, als ich das Licht andrehte, fehlte die Birne, an der Tür fehlte der Schlüssel, und das Spülklosett, nun ja. Ich kannte Frankreich, ärgerte mich nicht, sondern lachte.

Sie haben sich modernisiert, weil es sich nun doch herumgesprochen hat, daß Kerzen sowenig zeitgemäß wie Nachtmützen sind, oder weil das Syndicat d'Initiative den Wirten keine Ruhe mehr gibt; aber mit dem Gefühl leben sie noch immer in den Zeiten Heinrichs des Vierten, der sich durch den Ausspruch beliebt machte, jeder Franzose solle sonntags sein Huhn im Topfe haben, jedoch an den Abtritten nichts änderte. Sie lassen sich noch heute in der Provinz nur stehend benutzen, die Füße treten in Vertiefungen.

Seit Heinrich dem Vierten sind nun fast vierhundert Jahre vergangen (war es nicht erst gestern, daß er heiratete, in die Bartholomäusnacht verwickelt wurde, wie rasch die Zeit enteilt), aber was will das in Europa besagen. Seit Carolus Magnus zu Rom gekrönt wurde, sind schon an die zwölfhundert Jahre verflossen, damit können die Amerikaner nicht Schritt halten.

An diesem Abend warf einer von uns die Frage auf, welches unter den europäischen Ländern denn nun das reichste an Kunstdenkmälern, welches das altertümlichste sei. Deutschland, Frankreich, Italien, England, Spanien kamen in Frage, die Antwort ließ sich schwer geben. Schließlich einigten wir uns: mehr als jedes andere europäische Land sei Frankreich zugleich Schatzkammer und Rumpelkammer. Es klang ganz gut, aber man konnte auch fragen, was denn bei solchen Formulierungen herauskomme.

(…)

—

Gibt es Unterschiede im Wesen der Völker? Ohne Zweifel. Aber wenn man sie festhalten will, wenn man anfängt Gegensätze herauszuarbeiten, versteifen sich die Urteile, erstarren die Fronten. Und das Leben ist etwas, das sich der Rechthaberei entzieht.

Man sagt, Franzosen ließen den Fremden ungern in ihre Häuslichkeit blicken, es falle ihm schwer, eingeladen zu werden. Ich habe manchen Haushalt kennengelernt, ganz einfach deshalb, weil ich mit meinem Schwiegersohn und meiner Tochter auftrat.

In Deutschland ist die Makartperiode, in England die Viktoriazeit längst historisch geworden – aber in Frankreich fand man im Salon nicht nur des kleinen, sondern auch des gehobenen Bürgers noch immer den Samtkitsch und den Bronzekitsch. Was für ein konservatives Land, dieses Land der Revolutionen. In der Familie, in der ich mir das herausnehmen durfte, sagte ich zum Hausherrn: «Tun Sie doch dieses Zeug von 1860 dorthin, wohin es gehört, in den Mülleimer.» Er erwiderte: «Es stammt von fünf Duzfreunden und fünf Paten, ich muß es behalten, man würde mir nie verzeihen.»

Mein Schwiegersohn stammt aus einer bretonischen Familie, die, der Sage oder Überlieferung nach, in vergangenen Jahrhunderten aus Spanien kam: es seien Seeräuber gewesen. Entweder flohen sie, oder sie ahmten verspätet die Normannen nach, die an fremdem Strand ausstiegen und Boden nahmen.

Dieser Schwiegersohn war im Jahre 1940 Ingenieur bei den Staatsbahnen gewesen. Als die Deutschen kamen,

—

arbeitete er mit ihnen und sah sich einige Jahre später mit dem Schmähwort Collaborateur bedacht. Die neue Regierung entließ ihn aus dem Beamtenverhältnis – als Soldat marschierte er mit der Rhein-Donau-Armee nach Osten. So kam er nach Baden-Baden und fand hier, wie andere Intellektuelle seiner Nation, den Weg auch zu mir. Meine Tochter war eine der ersten Deutschen, die den Behörden zum Trotz gleich nach dem Krieg Französinnen wurden.

Im Jahre 1953 konnte ich die jungen Leute besuchen, sie wohnten in dem Städtchen Bretignolles an der atlantischen Küste, in der Vendée. Im Verlauf der Revolution von 1789 hatten die Franzosen die historischen, schicksalhaft klingenden Namen der Landschaften abgeschafft und durch die von Flüssen ersetzt. Paris lag nun nicht mehr in der Isle de France, sondern im Departement Seine. Aber einige der alten Namen konnten sich behaupten, und die Vendée gehörte dazu (vielleicht weil es ein Flüßchen Vendée gibt).

Es waren achthundert Kilometer von Baden-Baden nach Bretignolles, ein weiter Weg für europäische Vorstellungen. Bis Paris fuhr ich mit der Bahn, dann über Chartres und Tours im Auto. In Chartres erfuhr ich den großen Schock: was für ein Geschlecht, das diese Mauern aufeinanderfügte, die geistige Wucht ins Materielle übertrug. Generationen dieser Art gibt es nicht mehr – der Schwung, die Stoßkraft von damals sind verschwunden.

Spät in der Nacht kamen wir in Bretignolles an – am nächsten Morgen schritt ich auf der Straße, die zum Meer führte, eine Viertelstunde voran. Ich sah die See, die dem Strand zurollte, und hatte eine Urempfindung: so sah dieses Gestade aus, als der erste Römer den Ozean erblickte, nichts hatte sich geändert, noch immer entstieg das Land auf Basaltfüßen dem Meer, und hinter den ersten Dünen ereignete sich im Sand tief unten das Unwahrscheinliche: Weinstöcke klammerten sich an tiefgespannten Draht. Zweirädrige Karren kamen gefahren – die Bauern holten vom Strand den Tang, den die Flut angeschwemmt und die Ebbe zurückgelassen hatte. Weit hinaus roch die Landschaft nach Jod. Aus dem Meer ist das Leben gekommen.

Auf der Straße, die von Bretignolles zum Strand führte, stand ein Gedenkstein: Ici fut tué Monsieur tel et tel par les Allemands en 1942. Was besagte das schon? Ein Esel von der Gestapo hatte einen armen Patrioten umgelegt – ich meinerseits, der Deutsche, stieß nirgendwo auf Feindschaft. Man muß nur nicht preußisch auftreten, man muß sich natürlich geben, schon hat man Franzosen gewonnen. Überall sah ich mich warm und menschlich aufgenommen, als der Vater dieser Deutschen, die das Temperament einer Französin hatte und im Ablauf der Jahre vier französische Kinder in die Welt setzte.

Einige Kilometer südlich von Bretignolles lag, unmittelbar am Meer, in einer Ortschaft namens Vincent-sur-Jard, der Besitz, in dem Clemenceau, Sohn der Vendée, seine Ferien und seine letzten Jahre verbracht hat: ein bescheidener Besitz, bestehend aus einem langgestreckten Haus und einem Garten am Meer: ein Junggesellensitz, der mir zugesagt hätte.

Das Haus besaß kein Obergeschoß. Zur ebenen Erde reihte sich Zimmer an Zimmer; um vom Schlafzimmer am einen Ende zum Studio am anderen Ende zu gelangen, mußte man an der Außenwand einen Gang durchschreiten. Im Schlafzimmer sah man den Teppich, den die Kaiserin von China dem Mann geschenkt hatte, der so oft Ministerpräsident der Republik gewesen war.

Clemenceau hatte die Preußen gehaßt, und sein Nachfolger Poincaré war ihm darin nicht nachgestanden. Nun, gewisse Deutsche des wilhelminischen Typus sind so unleidlich, daß man sie verabscheuen kann – aber gewisse Franzosen sind das auch. An unsympathischen Erscheinungen ist diesseits und jenseits des Rheins kein Mangel, wie überhaupt der Mensch, allgemein und durchschnittlich gesehen, ein unerfreuliches Lebewesen heißen muß. 1946/47, als sich im Badischen Franzosen als Okkupanten breitmachten, konnte ich mich der unfreundlichen Gedanken nicht erwehren. Seither ist ein neuer Weg beschritten worden, der der Freundschaft zwischen Deutschen und Franzosen. Es wäre schön, wenn wir beschlössen, einander positiv zu sehen und wohlwollende Nachbarn zu werden.

Als ich 1959 wiederum ins Land kam, diesmal nach La Tranche-sur-Mer, südlich von Les Sables-d'Olonne, wohin mein Schwiegersohn übergesiedelt war, sah ich mich noch herzlicher von den französischen Bürgern aufgenommen. Es waren keine großen Häuser, die gab es in diesem La Tranche nicht, wo ein Ladenbesitzer, ein Hotelier schon zur Elite zählte.

Da ich in der Vendée war, ist es nicht weiter erstaunlich, daß ich eines Tages nach der Hauptstadt kam, nach La Roche-sur-Yon. Der größte Platz der Stadt hieß Place Napoléon, gemeint ist der erste Napoleon. Als die royalistische, kämpferische Vendée aus einer Vergangenheitsprovinz in ein modernes Departement umgewandelt wurde, gründete der Kaiser eigens eine Stadt für die Behörden und den Präfekten, also eine Hauptstadt, und nannte sie Napoléonville. Die Bourbonen kehrten zurück, die Stadt erhielt den Namen Bourbon-Vendée und behielt ihn bis 1871; bei Gründung der dritten Republik wurde sie in La Roche-sur-Yon umgetauft.

Ein hübscher Zufall wollte, daß ich gerade den Auftrag übernommen hatte, eine Neuausgabe Chamissos zu veranstalten und für sie einen Abriß des Lebens dieses deutsch-französischen Dichters zu verfassen. Chamisso, 1781 auf einem Schloß in Französisch-Lothringen als Sohn eines Grafen geboren, floh mit seinen Eltern nach Ausbruch der großen Revolution gen Osten und wurde Page bei der Königin Luise, 1801 Leutnant in Berlin.

Die Familie kehrte nach Frankreich zurück, Chamisso blieb, lernte Deutsch, dichtete in dieser Sprache und hielt der neuen Heimat die Treue, als seine Laufbahn als preußischer Offizier durch Übergabe der Festung Hameln Anno 1807 endete. In Napoléonville bot man ihm eine Professur am Lyzeum an, er reiste auch hin, verweilte einen Winter in der Stadt, fuhr dann zur Frau von Staël in die Schweiz, entschied sich hier, Botaniker zu werden, kehrte nach Berlin zurück und schrieb den Peter Schlemihl, der ihn berühmt machte.

Das also war ein Franzose, der an den Deutschen, sogar an den Preußen Gefallen fand und, von der Nation geliebt, als Deutscher 1837 starb. Er nahm vorweg, was morgen sich verwirklichen wird, die Freundschaft der Völker, die unter Carolus Magnus einmal vereint waren.

Es ist nicht der einzige Franzose, der in unserer Literatur Heimatrecht erlangt hat. De la Motte-Fouqué, der Dichter der Undine, war sein bester Freund, Abkömmling einer Hugenottenfamilie. Auch Theodor Fontane aus Neuruppin in der Mark, der Dichter der Effi Briest, stammt von Hugenotten ab.

Eines Tages besuchte mich Monsieur Jaud, Professeur agricole in La Roche-sur-Yon, und überreichte mir ein Heft der Revue du Bas Poitou (Jahrgang 1959). Dieses Heft enthielt einen Aufsatz aus seiner Feder – einen Bericht über die Abstammung Ludwig Bechsteins, der 1801 zu Weimar geboren wurde und, als Hofrat des Großherzogs, unter anderem eine Sammlung von Märchen herausgegeben hat. Nun, dieser Bechstein war, wie Monsieur Jaud darlegte, Sohn eines kleinen Adligen aus Fontenay-le-Comte, eines Hobert du Pontreau, und einer Irma Bechstein, mithin ein natürliches, uneheliches Kind. Noch ein Beitrag zur Geschichte der deutsch-französischen Verbindung, könnte man sagen.

Der Vater dieses deutschen Dichters stammte also aus La Fontenay-le-Comte in der Vendée. «Sehr einfach», sagte mein Schwiegersohn, «wir fahren morgen nach La Fontenay zu Madame Barthoux, du kennst sie ja.» – «Kenne ich sie?» fragte ich, einigermaßen erstaunt. «Dein Foto steht bei ihr, du hast wie ein Filmstar deinen Namen quer darübergeschrieben», erklärte Monsieur Séveno, Mann meiner Tochter.

Nun erinnerte ich mich. Als Monsieur Séveno seinen großen Citroën im Oktober 1960 nach Baden-Baden steuerte, um den Veranstaltungen beizuwohnen, die an meinem achtzigsten Geburtstag stattfanden, hatte er Madame Barthoux mitgebracht, die neugierig war, mich oder auch den Schwarzwald kennenzulernen. Sie war Fischhändlerin, an ihren Fingern blitzten Brillanten, aber sie war eine tüchtige Frau.

Das Wort Organisation hatte in der Revolution von 1789 bis 1795 das Licht der Welt erblickt. Il faut organiser, sagte man damals und organisierte alles – das Papiergeld, die Guillotine, den Salpeter, der zum Pulver gebraucht wurde, durch Abkratzen der Kellerwände, die Aushebungen, die Klubs. Auch mein Schwiegersohn verstand zu organisieren. Am kommenden Freitag würden wir den Nachmittag bei Madame Barthoux verbringen, dann ein wohlüberlegtes, gut vorbereitetes Abendessen in La Chataignerie einnehmen, einem Ausflugsort im Melusinenland bei einem befreundeten Wirt.

Wir setzen uns in den Citroën und fuhren ins alte feudale romantische Land. Um vier Uhr waren wir bei Madame Barthoux im Wohnzimmer, neben dem Fischladen, dessen Boden und Wände aus Platten bestanden, die vor Sauberkeit blitzten. Madame Barthoux betrieb das Geschäft mit ihrer Tochter, einer modernen Frau. Jeden Morgen in der Frühe, sechsmal in der Woche, fuhr die Tochter das Auto sechzig Kilometer weit nach Les Sables, einer betriebsamen Hafenstadt, und holte dort die Behälter mit den Seefischen ab. Wenn für den Bürger in La Fontenay der Tag begann, nahm im Geschäft der Damen Barthoux der Verkauf seinen Anfang. Sie belieferten die ganze Stadt.

Wir saßen im Nebenzimmer und tranken einen Rosé

d'Anjou. Auf der Konsole stand mein Foto mit dem quer geschriebenen Namenszug.

Ein Auto fuhr vor. «Noch ein Citroën – unser Graf», sagte Madame Barthoux und ging hinaus. Sie kehrte mit dem Grafen zurück – es gab viele Adlige, viele Gutsbesitzer in der Umgebung, erfuhr ich. Der Graf begrüßte mich wie einen Bekannten – er sei in Baden-Baden gewesen und habe einen Aufsatz von mir mit meinem Bild in der Zeitschrift der Kurverwaltung gesehen, sagte er. Was wir vorhätten, fragte er sodann und regte an, wir sollten ihn auf sein Gut begleiten und seinen neuesten Champagner kosten. Es ging nicht, in La Chataignerie wartete der Wirt mit einem feierlichen Abendessen. Kurz entschlossen schloß der Graf sich an, ein Telefonruf unterrichtete den Wirt.

La Chataigneraye wurde in den Prospekten der Balkon genannt. Wie ein Balkon in der Höhe des ersten Stockwerks schob es sich in die Landschaft vor und erlaubte einen reizenden Blick auf das Ausgebreitete da unten.

Wir setzten uns an die Tafel und aßen wie im alten Frankreich – drei, vier Gänge, vielleicht waren es auch fünf oder sechs. Es gab Rotwein, Weißwein, Champagner, Kognak, Kaffee. Und es gab gute Laune, Scherz, Esprit, Toaste, Freundschaftsschwüre – warum auch nicht. Der Wein ist da, damit sich der Mensch über das Stadium, wo er Stockfisch, Bürger ist, erhebt.

Drei Stunden wurde getafelt, das ist französisch, gallische Überlieferung. Vive la Gaule, vive la Gauloiserie – vive le général de Gaulle, versuchte ich zu steigern und sah, daß nicht alle meiner Meinung waren, der Staatschef verdiene Gefolgschaft. Zwar waren sie Demokraten, aber sie waren auch Nationalisten, die allen Ernstes glaubten, die afrikanischen Provinzen seien europäischer Boden, Mutterland. Mir gefiel de Gaulle – ein General, der erkannt hatte, daß man das Algerienproblem nicht mit militärischen Mitteln lösen dürfe – alle Achtung.

Aber wir glitten über den Konflikt hinweg, stießen weiter an, tranken weiter. Mir wurde Angst, als der Augenblick der Heimfahrt nahte. Herren und Damen hatten tüchtig getrunken, und nun mußten sie sechzig, siebzig Kilometer fahren, auf nächtlichen Straßen. Es ging alles gut, die Wagen fanden jeder die Einfahrt in den Hof des Grafen. Der Graf hatte seine Gattin angerufen, die Gattin wartete mit einigen Freundinnen im Salon um Mitternacht und hatte die Champagnerprobe vorbereitet. Wir machten Konversation, wir stießen an, wir tranken, und dann drehte der Gastgeber das Radio an – Chansons wurden gesungen, die so ganz anders als deutsche Lieder sind. Und wir kamen, o Wunder, ohne Unfall in La Tranche an.

Als ich wieder in Baden-Baden war, vermehrten sich meine Beziehungen zur Vendée um eine neue. Ein Professeur am Lyzeum von Fontenay-le-Comte, gebürtiger Straßburger, ließ mich wissen: er habe bereits den Docteur en études germaniques; aber um den Docteur ès lettres zu erlangen, werde er bei der Universität Bordeaux eine Dissertation einreichen, deren Gegenstand ich sei, meine Bücher, meine Auffassung, meine Haltung.

Über den gleichen Plan hatte mich schon einmal ein deutscher Student unterrichtet, dann aber angedeutet, ich schiene dem Professor nicht genehm zu sein, ich entspräche nicht dem CDU-Schema. Es könnte also sein, daß französische Professoren sich großzügiger verhalten. Mir würde es gefallen, wenn ein französischer Elsässer mich, den deutschen Elsässer, einer Darstellung würdigte.

Nachwort

CHRISTIAN LUCKSCHEITER

Im bisher einzigen Gesamtdarstellungsversuch von Leben und Werk Otto Flakes, der allerdings schon 1931 und somit 32 Jahre vor Flakes Tod erschien, wird Flake als „die beachtenswerteste Synthese des deutschen Geistes seit Goethe" gefeiert. Der Verfasser, Ernst Möwe (hinter dem sich ein Hans Müller verbirgt), ist sich sicher, dass Flake „Anspruch auf Beachtung seitens der Nation erheben" dürfe und „des Lorbeers (...) würdig" sei, und er schreibt: „Der Achtzigjährige ist mit der gleichen inneren Ungebrochenheit vorstellbar".[1] Als Otto Flake am 10. November 1963 mit 83 Jahren in Baden-Baden stirbt, stirbt jedoch ein gebrochener Mann, der spätestens seit Anfang der 1940er Jahre sein Leben in prekären Umständen verbringen musste, von der Nation weitestgehend unbeachtet.[2] „Ich gehörte praktisch nicht länger der Literatur an", schreibt Flake zum Jahr 1953 in seiner Autobiographie Es wird Abend.[3] Von dieser Überzeugung kann ihn auch nicht die Verleihung des Hebel-Preises 1954 und des Großen Verdienstkreuzes 1955 abbringen. Im Januar 1958, sich als „erledigt" vorkommend, unternimmt er einen Selbstmordversuch, von dem er sich erst im Sommer 1959 erholt hat. Und trotz der wundersamen „Auferstehung" als Schriftsteller im selben Jahr, ab dem bis Anfang der 1960er Jahre die Auflage einzelner seiner Werke im Bertelsmann Lesering durch den unermüdlichen

---

1 ERNST MÖWE: Otto Flake. Leben, Werk, Gestalt, Beispiel. Leipzig 1931, S. 146, 69, 7 und 15.
2 Zur erlittenen „Kette der Demütigungen" vgl. ROLF HOCHHUTH: „Zwei Nekrologe auf Otto Flake", wiederabgedruckt (u. a.) in: Die Unvollendbarkeit der Welt. Ein Symposium über Otto Flake. Hrsg. v. FERRUCCIO DELLE CAVE. Bozen 1992, S. 55–65 (S. 64).
3 OTTO FLAKE: Es wird Abend. Bericht aus einem langen Leben. Frankfurt/M. 1980, S. 569.

Einsatz insbesondere Rolf Hochhuths in die Hunderttausende geht, bleibt Flakes Hader mit seinem Schicksal und, als Nebeneffekt, die Überzeugung vom Untergang der „abendländischen Kultur" bestehen.

Die Diskrepanz zwischen Flakes umfangreichem Werk (rund – je nachdem, wie man zählt – 30 Romanen, 36 Monographien, über 600 Essays und Zeitungsartikeln) und der bis heute geringen öffentlichen Wahrnehmung, nicht zuletzt in der literaturwissenschaftlichen Forschung, findet ein Pendant in einer gewissen Diskrepanz zwischen Selbst- und Fremdwahrnehmung. Möwe schrieb in seiner Eloge von 1931 bereits davon, dass Flakes „dichterische, philosophische, kulturkritische, politische, biographische Arbeiten (...) eine Vielseitigkeit beweisen, vor der man in deutschen Landen ratlos ist, ob man sie als geniale Universalität oder als hoffnungslosen Dilettantismus ansprechen soll."[4] Flake hätte sie sicherlich als Ersteres angesprochen.[5] Er verstand sich als „Mahner, Lehrer, Unterweiser" der Nation,[6] als „geistiger Mensch, der das Bedürfnis hat, mit Menschen zu denken und vielleicht auch für sie",[7] wie er erstmals 1920 in *Das Ende der Revolution* und danach wiederholt schrieb; er kam sich intellektuell überlegen vor – nicht zuletzt ‚der Frau' –, glaubte, „eine Dimension mehr" in der Anschauung der Dinge zur Verfügung zu haben als viele andere.[8] Gerade seine philosophischen

---

4 MÖWE: *Otto Flake*, S. 8.
5 Vgl. z. B. seinen Text „Vom Viel- und Wenigschreiben" (in: *Das kleine Logbuch*. Berlin o. J. [1921], S. 79–82, S. 81): „Je umfassender ein Geist ist, d. h. je breiter sich die Ebne des Menschlichen vor ihm ausbreitet, desto umfangreicher wird sein Lebenswerk sein."
6 FLAKE: *Es wird Abend*, S. 291.
7 OTTO FLAKE: *Das Ende der Revolution*. Berlin 1920, S. 9.
8 FLAKE: *Es wird Abend*, S. 498 f.

Schriften jedoch, von denen er der Meinung war, dass sie „in der Geschichte der Philosophie einmal eine Rolle spielen"[9] würden, sprechen eher für Letzteres. Nicht von ungefähr verließ ihr Absatz selten den dreistelligen Bereich. Die Kritik war teilweise harsch und vernichtend. So nannte Thomas Mann ihn schon 1919 in seinen Tagebüchern einen „Lackel mit dem Gedankenbestande der literarischen Gegenwart".[10] Ähnlich unbarmherzig gab sich die Kritik bis zuletzt. Angesichts der hohen Vorstellung, die er von sich und seinem Schaffen hatte – begründet nicht zuletzt in seinen Erfolgen in den 1920er Jahren –, kann man sich Flakes Leben im Abseits des Wirtschaftswunderdeutschlands kaum gedemütigter denken; „ich lag falsch mein Leben lang, in diesem Land", schrieb er am Ende seines Lebens in seiner Autobiographie.[11]

Die Gründe für die Entwicklung vom Lorbeerträger 1931, der damals mit Autoren wie Alfred Döblin, Hermann Hesse oder Thomas Mann ‚in einem Atemzug genannt' wurde, zum im Abseits stehenden, fast vergessenen Schriftsteller sind allerdings vielfältiger, sie wurden sowohl teilweise in der „Verantwortung des Autors"[12] gesehen als auch im „Boykott seitens der jüngeren Kollegen, der Rezensenten, der Germanisten, der Preisverteiler, aller großen deutschen Zeitungen und demzufolge vieler feuilletongläubiger Sortimenter".[13] Flake meinte selbst, „zu eigen-

9 FLAKE: Es wird Abend, S. 574.
10 THOMAS MANN: Tagebücher 1918–1921. Hrsg. v. PETER DE MENDELSSOHN. Frankfurt/M. 1979, S. 291.
11 FLAKE: Es wird Abend, S. 461.
12 SABINE GRAF: „Als Schriftsteller leben". Das publizistische Werk Otto Flakes der Jahre 1900 bis 1933 zwischen Selbstverständigung und Selbstinszenierung. St. Ingbert 1992 (Diss.) (S. 1).
13 HOCHHUTH: Zwei Nekrologe auf Otto Flake, S. 62.

willig" zu sein, um sich nach dem Zweiten Weltkrieg „in den neuen Zentren" zu zeigen,[14] mehrmals schlug er, um unabhängig zu bleiben, Aufforderungen und Angebote, mitzuarbeiten, ab. Im Nachhinein als besonders unglücklich stellte sich seine in Geldnot getroffene Entscheidung heraus, seinen großen Roman *Fortunat* 1945 an den Verleger Paul Keppler zu geben und nicht darauf zu warten, dass sein Hausverlag S. Fischer bzw., in dessen Nachfolge, Suhrkamp auf seine Anfrage reagiere. Diese Entscheidung führte letztlich zum Zerwürfnis mit Suhrkamp und somit zur unrühmlichen Beendigung einer über 30 Jahre währenden, erfolgreichen Zusammenarbeit;[15] und sie hatte, da Keppler eher Drucker als Verleger war, nicht unerheblichen Anteil an der wirtschaftlichen Not Flakes in den 1950er Jahren. – Die Not war allerdings auch schon vorher nicht selten groß, selbst in den ‚Goldenen Zwanzigern'. 1923 gab es beispielsweise tagelang nur Kartoffelsuppe, und so viel er auch schrieb: zeitweise hätte er sieben Romane im Jahr schreiben müssen, um davon gut leben zu können.

Für eine Beschäftigung mit Flake schwerwiegender ist seine Entscheidung, 1933 das „Gelöbnis treuester Gefolgschaft" vor Adolf Hitler mit 87 anderen Schriftstellerinnen und Schriftstellern zu unterzeichnen. Diese Unterschrift führte nicht nur zum Bruch mit Klaus Mann und zu scharfer Kritik u. a. Bertolt Brechts, Alfred Döblins und Thomas Manns, sondern war auch mit ein Grund für das Schweigen um Flake nach 1945. Flake, der sich selbst als „Antinazi[ ]"[16] bezeichnete, rechtfertigte seine Unter-

---

14 FLAKE: *Es wird Abend*, S. 560.
15 Flakes zweiter Roman *Freitagskind* erschien 1913 bereits bei S. Fischer (sein Roman-‚Erstling' *Schritt für Schritt* erschien 1912 bei Cassirer).
16 FLAKE: *Es wird Abend*, S. 484.

schrift mit einem ausdrücklichen Wunsch des Verlags S. Fischer, ihn damit zu schützen; zugleich erhoffte er sich, als Mann einer, nach damaliger Terminologie, „Halbjüdin" unter „Beobachtung" der Nazis stehend, „Ruhe": „Ich wollte nichts, als daß man mich ungeschoren ließ",[17] so Flake in Es wird Abend.

Wenn der Name Flake heute noch etwas sagt, dann ist das jedoch nicht nur durch diese Unterschrift der Fall, sondern auch durch diejenigen seiner Texte, die sich dem Europa der Literatur zurechnen lassen und die ihm vor allem im Feuilleton und im Umfeld seines Todes wiederholt den Beinamen des „guten Europäers" einbrachten. Geht diese Benennung letztlich auf den Titel seiner in den 1920er Jahren berühmten und auch damals, Anfang der 1960er Jahre, noch bekannten Textsammlung Zum guten Europäer zurück und nicht tiefer als ein Satz, den Max Rychner bereits 1956 aufgeschrieben hat: „Man wußte, daß er zu den ‚guten Europäern' gehörte, einer seltenen Rasse damals",[18] sind es jedoch genau diese Texte, die Flake noch in der Gegenwart, wahrscheinlich auch in Zukunft, zu einer nach wie vor interessanten Stimme machen (werden), weshalb ihr in der vorliegende Auswahl nochmals ein Forum gegeben wird.

Am 29. Oktober 1880 in Metz als Sohn deutscher Eltern, die direkt im Anschluss an den Krieg 1871 nach Lothringen gekommen waren, geboren, mit vier Jahren nach Mülhausen gezogen und in Colmar aufgewachsen und „daheim", wie er schrieb, ab 1900 in Straßburg für die Fächer Germanistik, Geschichte, Philosophie und Sanskrit eingeschrieben, setzte sich Flake bereits

17 FLAKE: Es wird Abend, S. 429.
18 MAX RYCHNER: „Glücklich erlebtes Europa. Zu dem Roman ‚Fortunat' von Otto Flake"; in: ders.: Zwischen Mitte und Rand. Aufsätze zur Literatur. Zürich 1964, S. 129–144, S. 130.

in seinen ersten Beiträgen für die von ihm mitbegründete Zeitschrift *Der Stürmer. Halbmonatsschrift für künstlerische Renaissance im Elsass* mit der Philosophie Friedrich Nietzsches, die ihn bis zu seinem Tod beschäftigen sollte und auf den die Figur des „guten Europäers" zurückgeht, auseinander. Er übernahm dabei zum Teil dessen Auslassungen zu Deutschland und Frankreich. Sich mit der französischen Kultur verbunden fühlend, war für Flake – als selbsternannter „Erbe Nietzsches" – Deutschland „eine in ästhetischen, allen künstlerischen Dingen (...) barbarische Nation"[19], „Mittelmaß" im Vergleich zur „elementare[n] Großzügigkeit" (vgl. S. 8) Frankreichs. Doch auch wenn der deutsche „ungeheuerliche Mangel an Geschmack in den Dingen der Kunst, des äußeren Benehmens, der Toilette (...) nicht danach angetan" gewesen sei, bei den Elsässerinnen und Elsässern „die Liebe für französische Kultur aus dem Felde zu schlagen" (vgl. S. 24 f.), sah Flake schon hier die deutsche Nation „auf dem Wege (...), ihre große universale Kultur zu schaffen" (vgl. S. 9), eine „Renaissance" Deutschlands aufdämmern. Dabei wollte er allerdings explizit nicht „als Germanisator auf der Grenzwache gegen den Erbfeind" (vgl. S. 9) verstanden werden. Im Gegenteil sah er seine Aufgabe lange Zeit darin, „den Deutschen das Elsaß verständlich zu machen und vom Elsaß aus Einwirkung auf Starrheiten des deutschen Geistes zu versuchen, Westen und Mitte Europas miteinander zu versöhnen" (vgl. S. 62). In seinen zahlreichen Beiträgen zur sogenannten elsässischen Frage bis 1914 – Flake hatte inzwischen das Studium aufgegeben,

---

19 OTTO FLAKE: „Praeludium. Prinzipielle Einleitung zum Versuch einer Kulturkritik"; in: *Der Stürmer. Halbmonatsschrift für künstlerische Renaissance im Elsass.* Nr. 1, 1. Juli 1902, S. 13–15, S. 13.

zeitweise in München gewohnt, als Hauslehrer in St. Peterburg gearbeitet, von 1907 bis 1908 als Feuilletonchef für das *Leipziger Tageblatt* geschrieben und 1909 als Korrespondent zusammen mit René Schickele in Paris gelebt – wies er immer wieder darauf hin, dass der „elsässische Stamm" die deutsche Kultur als Gegensatz empfinde, denn, so Flake 1907 in *Die elsässische Frage als Kulturproblem*: „an allem, was seit 1750 den Inhalt des deutschen Bewußtseins bildete (...), an all diesen Ereignissen, die den deutschen Charakter (...) geschaffen haben, *nahmen die Elsässer überhaupt keinen Anteil*. (...) Denn in derselben bedeutungsvollen Zeit des ausgehenden achtzehnten und des neunzehnten Jahrhunderts, in der das Bewußtsein der Völker von ihrer Eigenart geboren wurde, wandte sich der Elsässer dem französischen Lebensstil zu, das heißt einer Art, das Leben zu sehen und einzurichten, die in tausend Äußerungen der deutschen entgegensteht." (Vgl. S. 20) In Gegenposition etwa zu den „Germanisatoren" sah Flake in den zweihundert Jahren französischer Herrschaft im Vergleich zu den achthundert Jahren ‚deutscher' zuvor die für das Elsass wesentlichen und bestimmenden und somit auch für die Politik des deutschen Kaiserreichs im Hinblick auf das Elsass entscheidenden. Das durch die Französische Revolution eingeführte „demokratische Ideal" sei dasjenige gewesen, „was die Elsässer, Intellektuelle wie Volk, mit Frankreich verschmolz."[20] Flake schrieb 1911 in seinem hierfür grundlegenden Buch *Rund um die elsässische Frage*, dass der „deutsche Leser" gut daran tue, jene „tragische[ ] Tatsache" mit all ihren (psychischen) Konsequenzen zu beachten, „daß in dem Augenblick, wo Frankreich endlich die Republik einführte,

---

20 OTTO FLAKE: *Rund um die elsässische Frage*. Karlsruhe und Leipzig 1911, S. 25.

das Elsaß von ihm getrennt wurde und die Erfüllung der langen Sehnsucht nicht miterleben durfte."[21] Die Lostrennung im Frieden von Frankfurt 1871 sei somit für die Elsässer keine Erlösung, sondern vielmehr „eine Katastrophe" gewesen, „einem furchtbaren und grausamen Schnitt gleich, an dem man verbluten kann."[22] Angesichts dieser Situation fragte sich Flake, ob jemals ein deutscher Lebensstil anstelle des französischen treten könne – für ihn der „Kern der elsässischen Frage". Seine Antwort: „Wir haben ja keinen deutschen Lebensstil."[23] Dieser müsse erst gebildet werden – nicht zuletzt mit Hilfe der Schriftsteller. In dem „Zwang, ein Grenzland zu sein", machte er einen „Vorzug"[24] aus: Wie seinem 1914 im Krieg gefallenen Freund Ernst Stadler, dessen Andenken er 1915 einen berührenden Nachruf widmete, verstand sich Flake damals als „Elsässer, der nicht für die Lüge des elsässischen Pufferstaates eintrat, sondern sich für die wahrere Mission des ausgewählten Importes und des Verständnisses, des vergleichenden und sich ausgleichenden Europäertums zu entscheiden begann." Zentral für die Möglichkeit dieses Selbstverständnisses war dabei der Ort, an dem das Denken stattfand: das Leben an der Grenze, an der „Peripherie", also „da wo Abstand und Kritik möglich werden und zugleich die Brücken zum Fremden geschlagen werden." (Vgl. S. 51)

Das Ende des Ersten Weltkriegs und damit verbunden die ‚Rückkehr' des Elsass' zu Frankreich markierte für Flake – der

21 FLAKE: *Rund um die elsässische Frage*, S. 27.
22 FLAKE: *Rund um die elsässische Frage*, S. 44.
23 OTTO FLAKE: *Strassburg und das Elsass. Mit acht Vollbildern.* Stuttgart o. J. [1908], S. 125.
24 OTTO FLAKE: „Elsässertum"; in: *Frankfurter Zeitung*, 18. Januar 1910, Nr. 17, S. 1–2, später erweitert abgedruckt in: *Revue alsacienne illustrée/Illustrierte elsässische Rundschau*, Oktober 1910, Bd. 12, Nr. 4, S. 145–156, S. 154.

(u. a. mit der Hilfe Otto Binswangers) kriegsuntauglich erklärt wurde, ab 1915 Mitarbeiter der Zensurbehörde in Brüssel war und ab 1918 als für das Konsulat spionierender Korrespondent der *Norddeutschen Allgemeinen Zeitung* in Zürich lebte (wo er mit dem Dadaismus in Berührung kam) – einen biographischen Bruch. „[D]reißig Jahre waren ausgelöscht, Sekunde der Ewigkeit und Hälfte eines Lebens, meines Lebens. Womit hatte ich sie verbracht? Mit einem Traum, mit Realität, die in den Abgrund der Zeit stürzte." (Vgl. S. 61) Fortan nahm er „Abschied vom Elsaß". Nun trat die schon zuvor aufgeblitzte europäische Dimension in Flakes Denken und Schreiben deutlicher hervor: „Was blieb, wenn man sich retten wollte? Nicht Frankreich, nicht Deutschland, nur das Dritte, das übergeordnete geistige Reich, dem selbst der letzte Rest von Bodenständigkeit versagt war." (Vgl. S. 64) Dieses Reich, das von ihm auch das „humanitäre", das „weltbürgerliche" oder das „internationale" genannt wurde, ist Europa, dessen Ausbuchstabierung ihn ebenbürtig an die Seite anderer wichtiger Verfechter des damaligen Europa-Diskurses stellt – etwa Heinrich Manns oder Richard Coudenhove-Kalergis.

Flake konstatierte in den 1920er Jahren eine Krise des europäischen Geistes, der er durch eine spezifisch deutsch geprägte Europa-Vision beizukommen hoffte. Sie versucht, nationale Vereinigungsinteressen und weltbürgerliche Absichten miteinander zu verbinden. In der siebten der zwölf Chroniken *Zum guten Europäer* heißt es: „wir sinnen auf eine Form des künftigen Europa, die erlaubt, zwar auf Verwirklichung durch Macht zu verzichten, aber das Ziel der deutschen Gemeinsamkeit gleichwohl zu erreichen. Diese Form kann nur diejenige sein, die die Macht durch die Freiheit ersetzt. (...) So taucht das wieder auf, was heute den geringsten Börsenwert besitzt: die Idee des geeinten

Europa, das die Grenzen, die stehenden Heere, die nationalen Münzsysteme und anderes abgeschafft hat." (Vgl. S. 81) Erst nach dem Zweiten Weltkrieg begann Europa, eine Form anzunehmen. Diese Entwicklung begleitete Flake indes nicht mehr.

Max Rychner schrieb in seinen Gedenkworten auf Flake: „er war übernational, ohne sein Vaterland geringzuachten"[25]. Dieses Vaterland war Flake, der ab 1928 bis zu seinem Tod in Baden-Baden lebte – das er in vielen Romanen der Welt der Literatur bekannt machte –, das Land „Goethes, Kants, Hegels, Humboldts". Sein Bestreben, wie seine Vorbilder dieses Land mit dem Weltbürgerlichen zu vereinigen, stellte ihn stets in „Front" gegen „die Nurdeutschen, die Nationalisten" (vgl. S. 79). Zwar lehnte er sich gegen die Nazis nicht auf. Als streitbarer Humanist und Kosmopolit, vor allem aber auch als unbeirrbarer Demokrat jedoch war er ihnen zumindest „ein Ärgernis"[26]. Seine Gegenüberstellung von Faschismus und Demokratismus in seinem 1947 erschienenen Beitrag „Das neue Zeitalter" für die Zeitschrift Neues Europa, sein Denken an „Weltdirektorium, Weltparlament, Weltbürgerschaft und Weltplanung" (vgl. S. 97), das auch der Wiederbewaffnung Deutschlands kritisch gegenüberstand,[27] ist dabei von einer Luzidität, die in der Enge des bleiernen Adenauer-Deutschlands nicht weit ausstrahlen konnte; sie ist zugleich von einer verstörenden Aktualität, die man noch bis vor ein paar Jahren kaum hätte erahnen können.

---

25 MAX RYCHNER: „Gedenkworte auf Otto Flake"; in: OTTO FLAKE: Die Monthiver-Mädchen. Roman. Gütersloh o. J. [1975] (Gesammelte Werke in Einzelausgaben, hrsg. v. ROLF HOCHHUTH und PETER HÄRTLING, Bd. 4), S. 769–774, S. 772.
26 KLAUS FISCHER: „Ohne Abstand ist alles unheilig. Otto Flakes literarische Laufbahn"; in: Allmende. Zeitschrift für Literatur, 18/19, 1987, S. 138–151, S. 148.
27 Vgl. FLAKE: Es wird Abend, S. 568.

Durch die Heirat seiner Tochter Eva mit einem Franzosen und ihre Übersiedelung in die Vendée kam Flake in seinem letzten Lebensjahrzehnt Frankreich nochmals näher. Dieser Wiederannäherung ist eine seiner schönsten Frankreichbeschreibungen zu verdanken: Seine „Aufenthalte in Frankreich" (vgl. S. 101–120) führen die lebenslange Auseinandersetzung mit dem Land der Revolution von 1789 einem versöhnlichen Ende zu. Für die deutsch-französischen Beziehungen war der „blonde Hüne", der sich bis zuletzt – und stets im Vergleich mit dem Land jenseits des Rheins – am Deutschen abarbeitete, ein unersetzlicher Übersetzer,[28] für Europa ein sensibler Grenzgänger, „in Deutschland nicht ganz zu Haus, in Paris nur zu Gast" (vgl. S. 63).

---

28 Tatsächlich übersetzte Flake viele französische Bücher ins Deutsche, darunter Werke von Balzac, Dumas, La Bruyère, Mirabeau, Montaigne, Stendhal und Suarès. Im Buchhandel nach wie vor lieferbar sind seine Übersetzungen von Balzacs *Verlorenen Illusionen* und *Cousin Pons* (bei Diogenes), von Dumas' *Kameliendame* (bei Fischer) sowie von Montaignes *Tagebuch einer Reise durch Italien* (bei Insel).

Literaturhinweise

BRETSCHNEIDER, JOHN HANS: Otto Flake's views on the individual and society. Ann Arbor 1977 (Diss.).

DELVAUX, PETER: „Otto Flake"; in: JATTIE ENKLAAR/HANS ESTER (Hg.): Im Schatten der Literaturgeschichte. Autoren, die keiner mehr kennt? Plädoyer gegen das Vergessen. Amsterdam 2005, S. 107–112.

FARIN, MICHAEL: „Nachwort. Lebensstern, Schicksalsstrom und Promenadenplatz"; in: Otto Flake: Ein Leben am Oberrhein. Essays und Reiseskizzen aus dem Elsaß und aus Baden. Hrsg. v. MICHAEL FARIN. Frankfurt/M. 2014 (1986), S. 349–360.

FARIN, MICHAEL: Otto Flakes Lauda-Romane ‚Die Stadt des Hirns‘ und ‚Nein und Ja‘: Dokumentation, Analyse, Bibliographie. Frankfurt/M. 1979 (Diss.) [mit einer ausführlichen Bibliographie der Werke Flakes sowie der Sekundärliteratur auf den Seiten 156–262].

FISCHER, KLAUS: „Ohne Abstand ist alles unheilig. Otto Flakes literarische Laufbahn"; in: Allmende. Zeitschrift für Literatur, 18/19, 1987, S. 138–151.

GÄTJE, HERMANN: „‚Jetzt will eine neue Ordnung entstehen, und ich komme nicht mehr mit‘. Otto Flakes Autobiographie und Autofiktion in den 1950er Jahren"; in: GÜNTER HÄNTZSCHEL (Hg.): Die fünfziger Jahre im autobiographischen Rückblick. München 2013, S. 55–65.

GÄTJE, HERMANN: „Lebensbericht und Lebensstilisierung. Die Biographien und Autobiographien Otto Flakes und Gustav Reglers im Vergleich"; in: ders./Sikander Singh: Studien zu Leben und Werk von Gustav Regler. Tübingen 2018, S. 49–60.

GRAF, SABINE: „Als Schriftsteller leben". Das publizistische Werk Otto Flakes der Jahre 1900 bis 1933 zwischen Selbstverständigung und Selbstinszenierung. St. Ingbert 1992 (Diss.) [mit einer ausführlichen Bibliographie der Werke Flakes sowie der Sekundärliteratur auf den Seiten 441–471].

GRONIUS, JÖRG W.: „Otto Flake. Fortunat (1946)"; in: HERMANN GÄTJE/SIKANDER SINGH (Hg.): Übergänge, Brüche, Annäherungen: Beiträge zur Geschichte der Literatur im Saarland, in Lothringen, im Elsass, in Luxemburg und Belgien. Saarbrücken 2015, S. 305–315.

HÄRTLING, PETER: „Der unbequeme Flake"; in: OTTO FLAKE: Erzählungen.
Gütersloh o. J. [1974] (Gesammelte Werke in Einzelausgaben,
hrsg. V. ROLF HOCHHUTH und PETER HÄRTLING, Bd. 1), S. 453–463.

JAKOBS, HANS DIETER: Das Bild der Gesellschaft in Otto Flakes Romanzyklus Ruland.
Edmonton 1978 (Diss.).

MÖWE, ERNST: Otto Flake. Leben, Werk, Gestalt, Beispiel. Leipzig 1931.

ORZECHOWSKI, SIMONE: Otto Flake et le roman: de la révolte à la sagesse.
Paris 1994 (Diss.).

ORZECHOWSKI, SIMONE: „Otto Flakes unbequemer Spagat zwischen
hoher und niederer Literatur"; in: ANNIE BOURGUIGNON u. a. (Hg.):
Hohe und niedere Literatur. Tendenzen zur Ausgrenzung, Vereinnahmung und Mischung
im deutschsprachigen Raum. Berlin 2015, S. 219–236.

ORZECHOWSKI, SIMONE: „Un écrivain dans la tourmente. Otto Flake et
l'expérience de la Grande Guerre"; in: MICHEL GRIMBERG u. a. (Hg.): Recherches
sur le monde germanique. Regards, approches, objets. Paris 2003, S. 433–447.

Otto Flake – Annäherungen an einen Eigensinnigen. Zusammengestellt von MICHAEL
FARIN. Hrsg. v. der Baden-Badener Bibliotheksgesellschaft. Baden-Baden 1985.

PEITSCH, HERBERT: „Ergebenheit und Verweigerung. Französische Revolution
und Innere Emigration in Deutschland"; in: HARRO ZIMMERMANN (Hg.):
Schreckensmythen – Hoffnungsbilder. Die Französische Revolution in
der deutschen Literatur. Essays. Frankfurt/M. 1989, S. 271–318.

REIS, THOMAS: Die tanzende Kreatur. Otto Flake und die Moderne.
Baden-Baden 2017.

ROSS, WERNER: „Einsam in deutscher Literatur. Otto Flake, die ersten Bände
der Werkausgabe"; in: Die Zeit, Nr. 47, 15.11.1974, https://www.zeit.de/
1974/47/einsam-in-deutscher-literatur/komplettansicht.

RYCHNER, MAX: „Gedenkworte auf Otto Flake"; in: OTTO FLAKE:
Die Monthiver-Mädchen. Roman. Gütersloh o. J. [1975] (Gesammelte Werke
in Einzelausgaben, hrsg. v. ROLF HOCHHUTH und PETER HÄRTLING, Bd. 4),
S. 769–774.

RYCHNER, MAX: „Glücklich erlebtes Europa. Zu dem Roman ‚Fortunat' von
Otto Flake"; in: ders.: Zwischen Mitte und Rand. Aufsätze zur Literatur. Zürich 1964,
S. 129–144.

SCHOENBERGER DARMON, NICOLE MARIE: *Frauen und Erotik in Otto Flakes Romanwerk.* Ann Arbor 1979 (Diss.).

SIEBURG, FRIEDRICH: „Otto Flake und die Deutschen"; in: ders.: *Zur Literatur. 1957–1963.* Hrsg. v. FRITZ J. RADDATZ. Stuttgart 1981 (Werkausgabe Friedrich Sieburg), S. 184–189.

STOCKEBRAND, GERD: *Otto Flake und der literarische Expressionismus.* Würzburg 1987 (Diss.).

Die Unvollendbarkeit der Welt. Ein Symposium über Otto Flake. Hrsg. v. FERRUCCIO DELLE CAVE. Bozen 1992.

WEISKOPF, FRANZ C.: „Der gute Europäer mit dem Fernrohr"; in: ders.: *Über Literatur und Sprache. Literarische Streifzüge, Verteidigung der deutschen Sprache.* Berlin 1960 (= Gesammelte Werke, Bd. 8), S. 97–104.

WOJCIECHOWSKA, ANNA: „Wir sind alle da, um dem Menschen neben uns die Wirklichkeit zu bestätigen'. Zum Verstellungsspiel im ‚Sommerroman' von Otto Flake"; in: IWONA BARTOSZEWICZ/MAREK HAŁUB/EUGENIUSZ TOMICZEK (Hg.): *Analysen und Betrachtungen.* Wrocław 2012, S. 25–39.

Textnachweise

„Semmelblond, d. i. über das bürgerliche Kulturideal"; in: *Der Stürmer. Halb-monatsschrift für künstlerische Renaissance im Elsass*, Nr. 3, 1. August 1902, S. 49–52.

„Die elsässische Frage als Kulturproblem"; in: *März, Halbmonatsschrift für deutsche Kultur*, 1. Jg., Heft 1, (Februar) 1907, S. 331–338.

„Im Rebgelände"; in: OTTO FLAKE: *Strassburg und das Elsass. Mit acht Vollbildern.* Carl Krabbe, Stuttgart o. J. [1908], S. 41–48.

„Paris" [1912]; in: OTTO FLAKE: *Das Logbuch.* S. Fischer, Berlin 1923 [11917], S. 13–100.

„Halbfertiges Leben"; in: *Die Neue Rundschau*, 26. Jg. der freien Bühne, Bd. 1, Zweites Heft, (Februar) 1915, S. 267–272.

„Abschied vom Elsaß"; in: *Das Alemannenbuch.* Hrsg. v. HERMANN HESSE. Seldwyla, Bern 1919, S. 38–43.

„Welthymne"; in: OTTO FLAKE: *Das kleine Logbuch.* S. Fischer, Berlin o. J. [1921], S. 56–57.

„Die große Idee"; in: *Die Neue Rundschau*, 34. Jg. der freien Bühne, Bd. 2, Achtes Heft, (August) 1923, S. 676–682.

„Vom Nationalismus" [1923]; in: OTTO FLAKE: *Zum guten Europäer. Zwölf Chroniken Werrenwags.* Hermann Luchterhand, Darmstadt u. a. 1959 (11924), S. 70–77 [Siebte Chronik].

„Berlin"; in: *Vossische Zeitung, Beilage Das Unterhaltungsblatt*, Nr. 202, 30.04.1925, o. P. [S. 1].

„Meine badischen Romane" [1936, überarbeitet 1947 und 1959]; in: OTTO FLAKE: *Die Monthiver-Mädchen. Roman. Mit einem Gedenkwort von* MAX RYCHNER *und der Totenrede von* WILLI DROST. Hg. v. ROLF HOCHHUTH und PETER HÄRTLING. [= OTTO FLAKE: *Werke in Einzelausgaben*, Bd. IV.] Bertelsmann, Gütersloh o. J. [1975], S. 761–768.

„Das neue Zeitalter"; in: *Neues Europa. Halbmonatsschrift für Völkerverständigung. Kultur, Kunst, Politik und Wissenschaft*, 2. Jg., Heft 1, 1947, S. 3–8.

„Aufenthalte in Frankreich" [1962]; in: OTTO FLAKE: *Die Deutschen. Aufsätze zur Literatur und Zeitgeschichte.* Rütten & Loening, Hamburg 1963, S. 247–270.

Wir danken Rolf Hochhuth für die freundliche Genehmigung
der Abdruckrechte und die Unterstützung dieser Ausgabe
sowie der Mechthild-Mayer-Stiftung Karlsruhe für die großzügige Förderung.

Bildnachweis Stadtbibliothek Baden-Baden/Literaturmuseum

Copyright © mdv Mitteldeutscher Verlag GmbH, Halle (Saale)
www.mitteldeutscherverlag.de

Gesamtgestaltung und Satz Stefanie Bader, Leipzig

Printed in the European Union
ISBN 978-3-96311-350-5 (Buchhandelsausgabe)

=